Ⓢ新潮新書

中島大輔
NAKAJIMA Daisuke

山本由伸
常識を変える投球術

985

新潮社

はじめに

ポロリとこぼれた一言は、目の前の現実を冷静に表していた。

「まだまだですね、山本君に比べたら……」

埼玉西武ライオンズの今井達也がそう漏らしたのは、入団3年目の2019年6月28日に本拠地メットライフドーム（現ベルーナドーム）でオリックス・バファローズ戦に敗れた直後だった。

先発投手の今井は初回に四球と2本のヒットで1点を許したが、その後は8回まで無失点。試合中盤からスライダーをうまく使い出すなど投球センスの高さを見せたものの、相手が悪かった。

西武の看板である〝山賊打線〟はこの日、山本由伸に沈黙させられた。

1回裏の攻撃では秋山翔吾（現広島東洋カープ）、源田壮亮、外崎修汰が三者連続三振。2、3回と得点圏に走者を進めたが、ピンチでギアを上げる山本を崩せない。その後は

8回まで無安打に封じられ、20歳の右腕投手にプロ初完封を献上した。

捕手の真後ろにある記者席で私は山本の投球にジッと目を凝らしながら、かつて体験したことのないような衝撃を受けていた。

常時150キロ台を計測するストレートは、速さに加えて力強さも備えているように感じられる。140キロ台中盤から後半のフォークとカットボールはストレートと同じ軌道で迫ってきて、前者は突如ストンと急降下し、後者は鋭角にグッと斬りつけるように曲がっていく。3球種は絶妙な球速差にあるから、打者にとって見極めにくい。今風に言えば、ピッチトンネルを構成した投球術だ。

加えて120キロ台のカーブはリリース直後に浮き上がるから打者は目線を上げられ、速いスピードでストライクゾーンに落下してくるため的を合わせにくい。バッターにすれば、いわゆる「邪魔な球」に当たるだろう。

各球種ともにカウント球にも決め球にもなり、無駄球を挟まずにテンポよくストライクゾーンでどんどん勝負してくる。真後ろで初めて体感した山本のピッチングは、あたかも一流メジャーリーガーを見ているかのようだった。

西武相手にプロ初完封を飾った山本はその後、勝ち星こそ思うように伸びなかったものの防御率1点台の快投を続ける。シーズン最終登板となる9月29日の福岡ソフトバンクホークス戦で6イニングを投げれば規定投球回に乗り、自身初タイトルの最優秀防御率は確実だ。

偉業達成の6日前、私は「NewsPicks」の取材でオリックスの本拠地・京セラドーム大阪へ話を聞きに行った。

1カ月前に21歳になったばかりの山本と約45分間じっくり向き合うと、ポテンシャルの高さがひしひしと伝わってきた。

高卒1年目は投げるたびに右肘がパンパンに張り、翌年には「肘への負担が大きい」とスライダーを封印している。武器の一つを自ら消すという決断は、勝負の世界でまだ〝何者でもない〟投手になかなかできることではない。そうやってキャリアを中期的に考えられるようになった契機を尋ねると、プロ入り後に人生を変えるような出会いがあったと言う。

入団3年目で球界に一つの歴史を刻もうとしている若者が見据えるのは、先発ローテーションを15年間守り続けることだった。

「なかなか、いないじゃないですか」

ゆっくり言葉を発すると、野心的な笑みを浮かべた。

周囲が達成していないから、自分が成し遂げたい。いつか大きな高みに到達するために、小さな目標を立てて一つずつクリアしている最中だと語る。

高卒3年目のシーズン最終登板を前に、最優秀防御率のタイトルはほぼ手中に収めた。では、来年はどうなっていいたいだろうか。

「いやあ……それは秘密ですかね」

核心に近づこうとすると、爽やかな笑みを浮かべてサッと引いていく。こうした駆け引きこそ、インタビューの醍醐味だ。投手と打者が18・44メートルの距離で互いの胸の内を読み合うように、取材も言葉のやり取りから透けて見えてくるものがある。

今度は、あえてストレートに訊いてみた。

――今年6月28日、メットライフドームでプロ初完封した西武戦を取材して、ストレート、カットボール、ツーシーム、フォーク、速いカーブで球数少なく打ち取っていく投球スタイルはメジャーリーグ（MLB）の投手のようだと衝撃を受けました。山本投手はどういうピッチャー像を目指していますか。

「ないんですよ、それが。完成は見えてないです。完成があるかもわからない」

間髪を容れずに返ってきた。おそらく本心だろう。野球選手に完成はない。

「ないけど、その完成を求めていくというか。そういう感じになると思うので、この先もずっと基本的な練習からもっとやっていかないとなって思っています」


約45分の対話では、野心ある若者特有の輝きが眩しかった。

同時に、余白が不思議と心地いいインタビューだった。

今は、すべてを聞かないほうが面白い。

いつかまた、続きを聞きに来る機会があるはずだ——。


「まだまだですね、山本君に比べたら……」

あの日、今井が漏らした言葉がいつまでも耳の奥に残っていたのは、二人の関係性によるところが大きい。ともに1998年生まれの同い年なのだ。

プロで初めて投げ合う3年前、先に全国で名前を売ったのは今井だった。

2016年夏の甲子園では初戦の尽誠学園高校戦で最速151キロを計測すると、決勝までの全5試合に投げて頂点まで駆け上がっている。そして、秋のドラフト会議を

「目玉候補」の一人として迎えた。

この年の新人選手選択会議では「高校ビッグ4」と注目を集めたピッチャーたちがいた。甲子園優勝投手の今井と、履正社高校の左腕・寺島成輝、横浜高校で1年秋からエースを張った本格派右腕・藤平尚真、そして花咲徳栄高校で台頭した左腕の高橋昂也だ。前評判どおりに今井は西武、寺島は東京ヤクルトスワローズ、藤平は東北楽天ゴールデンイーグルスにそれぞれ1位指名を受ける。高橋は広島に2巡目の最後に名前を呼ばれた。

それから13人後、オリックスに4位で指名されたのが都城高校の山本だった。

3年後、ドラフト時の序列は覆った。「高校ビッグ4」は入団6年目の2022年シーズンを終えて、いずれも期待通りの姿を披露できていない。寺島は同年限りで戦力外通告を受けて現役引退を発表した。

対して、山本は一気に球界の頂点まで駆け上がっていく。

高卒1年目の2017年8月20日の千葉ロッテマリーンズ戦でプロデビューを飾ると、当時自己最速の152キロを計測した。この年の成績は5試合で1勝1敗、防御率5・32と凡庸な数字だったが、アメリカに飛び立つ前の大谷翔平（現ロサンゼルス・エンゼルス）は「今年対戦した投手で一番良かった」と絶賛している。
入団2年目を迎えるオフシーズンには現在の独特なフォームに変更し、セットアッパーとして54試合で4勝2敗1セーブ32ホールド、防御率2・89という好成績を残した。

翌2019年は自ら直訴して先発転向し、勝ち星こそ8勝6敗と恵まれなかったものの防御率1・95で最優秀防御率のタイトルを獲得する。シーズンオフには日本代表としてプレミア12に出場した。

新型コロナウイルスの影響で開幕が6月にずれ込んだ2020年は、ソフトバンクの千賀滉大（現ニューヨーク・メッツ）と並んで最多奪三振（149個）のタイトルに輝いた。9月には4勝1敗で自身初の月間MVPを受賞している。9月15日の楽天戦から10月13日のソフトバンク戦にかけて31イニング連続無失点の記録も樹立した。

高卒5年目の2021年は初の開幕投手に抜擢されると、〝無双〟した。最多勝利（18勝5敗）、最優秀防御率（1・39）、最高勝率（7割8分3厘）、最多奪三振（206）と投手タイトルをすべて手中に収め、沢村賞と最優秀選手にも選出された。シーズン中には東京五輪に出場して金メダルを獲得、日本シリーズまでオリックスを牽引した。オフの契約更改では2億2000万円増の推定年俸3億7000万円までアップし、高卒6年目ではダルビッシュ有（現サンディエゴ・パドレス）を抜いて史上最高額に到達している。

続く2022年はチームに12年ぶりの開幕戦での勝利をもたらすと、15勝5敗、防御率1・68という好成績で史上初となる2年連続の投手四冠を達成、沢村賞と最優秀選手にも選ばれた。日本シリーズでは第1戦で先発し、5回に左脇腹を痛めて降板、その後マウンドに登る機会はなかったが、26年ぶりの日本一という歓喜を味わった。オフには推定年俸6億5000万円で契約を更改し、2023年シーズンの球界最高額に到達した。

山本が本格的に投手を始めたのは、都城高校1年の秋だった。

小学生の頃は捕手で、中学進学後は地元の東岡山ボーイズで主にセカンドを守った。投手としてマウンドに立つこともあったものの、あくまで2～4番手という立ち位置だった。高校入学後は野手の練習を行い、試合になるとぶっつけ本番で投手として起用された。1年夏の大会後、新チームになってピッチャーの枚数を増やしたいと当時の監督が考え、抜擢されたのが山本だった。

「ピッチャーはめっちゃ走って、最初は嫌だなと思っていました。バッティング練習している周りを、ずっとグルグル走っているんですよ。野手はいいなあって見ながら、トロトロトロトロ、周りをゆっくり走っていました（笑）」

それから約7年後、誰もが認める「日本のエース」に登り詰めた。

身長178センチ、体重80キロ。プロの投手として、決して肉体的に恵まれているわけではない。それでもストレートは最速159キロ、フォークも球速151キロを計測する。高校1年時からすでに球は速かったというから、天賦の才に恵まれたことは間違いない。

だが、才能豊かな野球少年は全国に一定数いる。少なくとも2016年ドラフトの時点で、「ビッグ4」を含めて9人の高校生投手が山本より先に名前を呼ばれている。

逆に言えば、驚かされるのは成長スピードだ。プロ入り後、瞬く間に周囲をごぼう抜きし、世代を超えて球界最高峰に到達した。

最大の転機は入団1年目のオフ、筒香嘉智（現テキサス・レンジャーズ傘下）と、彼が長らく師事するトレーナーの下で自主トレを行ったことだった。

「そのときに、すべてと言っていいくらい変わりましたね」

最もわかりやすい変化として、この頃に独特の投球フォームが生まれている。日本球界では肘から先をしならせるように使うのが〝常識〟とされてきたなか、山本は肘を含めて一本の腕を釣り竿のように大きく使って投げ始めた。

先人たちからすると〝非常識〟な投げ方で、元プロ投手の評論家たちは「アーム投げ」と酷評した。オリックスの春季キャンプでも周囲の猛反対に遭い、山本は「四面楚歌」と感じたほどだった。

プロ野球の世界では長らく、コーチの指示は〝絶対〟とされてきた。投げ方をいじられてアマチュア時代の持ち味をなくし、人知れず消えていく〝未完の大器〟も少なくない。そうした世界で高卒2年目の山本は「四面楚歌」をどうやって乗り越えたのだろうか。

昨今、日米で球速アップが急激に進んでいる理由のひとつはウエイトトレーニングの進化とされている。そうした潮流に反し、山本はウエイトを一切しない。ブリッジや、やり投げにヒントを得た独特のアプローチで土台をつくっていく。しかも、肉体的にも成長を続けているという。

過去の大投手たちとは、明らかに毛色が異なっている。投球メカニクスから、投げている球の質、トレーニング法まで極めて独特だ。

初めて見たメットライフドームで衝撃を受けたときから2年後の2021年、山本は沢村賞に輝いて名実ともに日本最高の投手になった。少し前まで「アーム投げ」と揶揄された投げ方に、ケチをつける声はもう聞こえない。それどころか、全国には山本に憧れて投球フォームや練習法をマネする野球少年がたくさんいる。

なぜ、山本由伸という投手は台頭してきたのだろうか——。

その秘密を解き明かすときが、いよいよやって来た。

（文中敬称略。所属は2023年1月16日時点）

山本由伸　常識を変える投球術——目次

第一章　小粒な高校生が秘めた〝唯一無二〟の才能

プロ野球のスカウトは、選手の「未来」を見通すことを生業としている。

人の将来を予見するほど難しいことはない。いくらアマチュア野球でパワー、スピード、運動センスなど傑出した能力を誇ったとしても、レベルが格段に上がるプロの世界で通用する保証はどこにもないからだ。

10代後半の少年が、20代中盤から終盤に訪れる選手としての全盛期に潜在能力をどれくらい開花させているか。周囲との厳しい生存競争を勝ち抜き、甘い誘惑に負けずに順調に成長していくためには、考え方や努力し続ける才能など〝人〟としての部分も大切になる。ＭＬＢの専門用語で言えば、「メイクアップ」と言われる要素だ。

果たして、この投手は今後どれくらい伸びていき、プロに入ってから羽ばたくことができるだろうか――。

オリックスで２０１０年からスカウトとして〝金の卵〟を探し続けている山口和男は、

ドラフト直前や、アマチュア投手を視察に行って何か引っかかることがあったときに、よく見返している映像がある。山本が高校生だった頃のピッチングだ。

「由伸のおかげでいろんな景色を見させてもらいました。担当した選手がここまで活躍してくれていますからね。東京オリンピックもそうでしたけど、シーズン中の由伸のピッチングを本当に親みたいな気持ちで見ています」

2022年の春季キャンプ中、リモート取材に応じた山口はそう話した。

二人の出会いは2016年2月某日、宮崎県南西部にある都城市に寒風吹きすさぶ日の夕刻に遡る。

オリックスが春季キャンプを張る宮崎市に滞在していた山口は、車で約1時間の距離にある都城高校に挨拶と視察を兼ねて訪れた。当時の石原太一監督は同じ広島六大学リーグでプレーした後輩という縁もあり、山本の評判は届いていた。

プロ野球のスカウトと高校生の選手は、学生野球憲章の規定により直接話をすることが許されていない。その分、プロの目利きたちはさまざまな観点からポテンシャルを見極めようとしている。

例えば、普段の練習にどんな意欲を持って取り組んでいるのか。スカウトの存在を見つけるとアピールするかのごとく元気を出す選手もいるから、あえてフェンスの向こうから隠れるように視察する者もいる。日常の練習でどれだけ努力の成果を積み重ねていけるかで、未来は大きく変わっていくものだ。

前述したように、山口が都城高校を訪れた日は強い風が吹いていた。ブルペンで投球練習するには決して好条件ではなかったが、逆に山本の素質を一つ浮かび上がらせた。

「すごく寒い中でのピッチングだったけれど、とてもバランスよく投げていました。だいたいの高校生の場合、そうした状況では寒いそぶりを見せながらのピッチングになります。でも、由伸はそういったそぶりをまったく見せませんでした。寒い中でも、自分がやるべきことをしっかりわかったピッチングができていたんですよね。身体の使い方と指先の感覚が良かったです。今もそうですけど、練習にすごく高い意識を持ってできる選手だなと思いました」

逃してはならないピッチャー

これはちょっと物が違うぞ――。

初めて山本のピッチングを目の当たりにした山口は、継続的に追いかける必要性を感じた。その第一印象が大きく膨らんだのは、3カ月後の公式戦だった。

5月31日に都城運動公園で行われた春の宮崎県大会2回戦で、都城は宮崎日本大学高校（宮崎日大）と対戦した。県内でしのぎを削る強豪私学を相手に、山本は被安打3、14奪三振で完封勝利を飾っている。8回の打席ではレフトに本塁打を放つおまけ付きだった。

山口の目には、高校3年春時点の山本はすでに「一軍半レベル」と映った。

「初回から投げ終わるまでずっと球速が落ちませんでした。自分が持っているスピードガンでも147、8キロのボールをインコース、アウトコースに出し入れがきっちりできていて、変化球でも腕の振りが緩まない。以降、ドラフトに向けた球団の会議の中で『これは逃してはならないピッチャーだ』というプレゼンをずっとしていました」

半年前、高校2年の新人大会で最速151キロを計測していた山本は「ドラフト上位候補」と専門誌に取り上げられるような存在だった。高校3年秋のドラフトが迫ると、れいめい高校の太田龍（現読売ジャイアンツ）、九州産業大学付属九州産業高校の梅野雄吾（現ヤクルト）、福岡大学附属大濠高校の浜地真澄（現阪神タイガース）とともに「九州四天王」と注目を寄せたメディアもある。タイミングこそ異なるものの、いずれもプロ入りを果たした投手たちだ。

この年のドラフトは「投手が豊作」という前評判で、最も人気を集めたのは創価大学の最速156キロ右腕・田中正義だった。迎えた本番では5球団から1位で指名され、ソフトバンクが交渉権を獲得している（2022年オフに日本ハムへ移籍）。「高校ビッグ4」の今井、藤平、寺島も1位で消えた。

対して山本の名前が呼ばれたのは、指名が4巡目に差し掛かった直後だった。

スカウトの眼力

なぜ、山本ほどの逸材がドラフト4位まで残っていたのだろうか。

プロ入り後に鮮烈な活躍を見せれば見せるほど不思議に感じられ、各メディアには〝答え合わせ〟の記事が掲載された。

2016年、オリックスは1位で東京ガスの山岡泰輔を単独指名、2位では立正大学の黒木優太という両右腕投手を獲得した。ともにスピード豊かなストレートと決め球になる変化球を誇り、いわゆる「即戦力」タイプだった。プロ入り1年目に山岡は先発で8勝11敗の成績を残し、一方の黒木はセットアッパーとして55試合に登板したように、二人ともアマチュア時代から「一軍レベル」に達していた。

ドラフトの指名にはチームの置かれた状況が大きく関わってくる。当時、オリックスは仰木彬監督時代の1996年に巨人を破って日本一に輝いて以降、長らくの低迷期からなかなか抜けられずにいた。2000年以降はAクラス入りが2度しかなく、福良淳一監督（現GM）が就任した2016年は最下位に沈んでいる。一人でも多くの即戦力の指名が優先されるチーム状況だった。

球団と選手の〝運命〟は他チームの動向にも左右される。山本を高く評価する球団が他にあれば、当然、先に入札される可能性が出てくる。他球団の指名に関する情報はさまざまに行き交うもので、相手の胸の内を探りながら指名順位を決めていかなければならない。

今や「日本のエース」と言われる山本だが、高校生時点では、プロから高く評価されにくい理由がいくつか考えられた。

「150キロ投げられて、カットボールもスライダーもフォークもある。当時で177センチぐらいで、ちょっと小粒に見えた。伸びしろがどうかな……っていうのはありましたね」

他球団のスカウトによる当時の評価が「Number Web」の記事で紹介されている（「オリックス山本由伸23歳、5年前〝ドラフト4位〟まで他の11球団は指名しなかった…他球団スカウト『当時177cmでちょっと小粒に見えた』」より）。

日本人の成人男性の平均身長は約168センチだが、プロ野球選手はずっと大きい。2022年2月28日時点でNPB（日本野球機構）に支配下、育成登録されている投手502人の平均身長は181・9センチで、山本は5センチほど及ばない（「Yahoo！個人」の記事「現役プロ野球選手の『身長・体重ランキング2022』。身長差は40cm近く、体重差は50kg以上」より）。

日本を代表する投手たちは、196センチのダルビッシュや193センチの大谷、190センチの佐々木朗希（千葉ロッテマリーンズ）、186センチの千賀などのように高身長を誇っている者が多い。球速や球威は身長、体重との相関関係が大きく、背丈が高ければ筋肉をつける余地もそれだけ大きいことを意味する。だからこそ、スカウトは身長を一つの指針としているわけだ。

ただし、身体が大きくなければ速いボールを投げられない、というわけではない。

例えば、山本と同期入団の山岡が172センチ、68キロの痩身から最速152キロのストレートを投げられるのは、垂直跳びで80センチを跳ぶほどバネを備えていることが大きい。自主トレを担当するトレーナーの高島誠によると、チームメイトで190センチ、104キロの〝ラオウ〟こと杉本裕太郎が重い重量を挙げるのに苦労している横で、山岡は同じバーベルを軽々と持ち上げていくという。それほど瞬発力に優れ、投球時の力につなげられるのだ。

かたや、177センチの山本は高校時代に最速151キロを計測し、プロ入り6年目の2022年には同159キロまで伸ばしている。山口はそんな逸材を球団に推薦する上で、身長の不利を覆すだけの根拠を持っていた。

「骨格です。177センチはプロのピッチャーの中では平均より少し低いくらいの身長だと思うけれど、骨格がしっかりしていたので、身長に関してはあまり気にしていなかったです」

骨格は言わば、身体の支柱だ。骨の周りに筋肉は発達していく。身体の中にしっかりした土台があれば、バランスよく成長していけるはずだと山口は見通した。

球界の〝常識〟と異なる山本由伸という投手の出現は、固定観念に捉われないスカウトの眼力も大きかった。

5年で日本球界の頂点へ

学生野球憲章の規定により直接の対話を認められていない高校生とプロのスカウトだが、〝例外〟が存在する。夏の甲子園終了後にプロ野球志望届を提出した選手は、翌日から各球団と事前面談をすることができるようになるのだ。

山口が山本と初めて話したのは、ドラフト前のこの機会だった。

「由伸はめちゃくちゃ緊張していて、本当に田舎の高校生だなというイメージでしたね。でも話をしていく中で、野球に対する取り組み方や考え方は素晴らしいものがありました。『いついつの試合はどうだった？』と過去の話を聞いても、しっかり自己分析もできていましたし、きちんとした答えが返ってきました。だからプロ入りしてからも問題なく対応できるだろうなと思いました」

初めて山本のブルペンを見て強い印象を受けて以降、山口はつぶさに観察してきた。

試合前のウォーミングアップはどのような姿勢で取り組み、投手にとって難しい立ち上がりではどんな投球を見せて、3アウトをとってベンチに帰った後はどのような振る舞いをし、チームメイトとどうやってコミュニケーションをとっているのか。

スタンドから感じ取ってきた山本の人間性は、膝を突き合わせて話すとより浮き彫りになった。選手、そして人としても誠実な姿勢や思考能力を持っていると伝わってきたから、自信を持って球団に推薦することができた。

２０１６年10月20日、迎えた「運命の日」。

オリックスは上位２巡で社会人と大学生の即戦力投手を入札し、３位で高校生内野手の岡﨑大輔（花咲徳栄高校、現オリックススカウト）を指名した。

他球団は３巡目までに山本の獲得に動くことはなかった。

結果、山口が惚れ込んだ高校生右腕との交渉権はオリックスのものになった。

運命の赤い糸を手繰り寄せてから15日後の11月４日。都城高校に指名挨拶に足を運んだ山口は、山本に最大の表現で期待を伝えている。

「最終的には球団の看板を背負える選手になるのはもちろん、日の丸を背負って日本を代表するピッチャーになってもらいたい」

それから５年後の２０２１年、山本は名実ともに日本を代表する投手になった。

夏の東京五輪では初戦のドミニカ共和国戦と準決勝の韓国戦という大一番に先発し、金メダル獲得に貢献した。オリックスでは圧巻の投球を続けて25年ぶりのリーグ優勝の立役者となり、クライマックスシリーズを勝ち上がって日本シリーズでは2試合に先発した。パ・リーグの最優秀選手に選ばれ、投手にとって最高の栄誉である沢村賞には選考委員会の全会一致で選出されている。

5年前、担当スカウトの山口がかけた期待は見事に現実のものとなった。

「ただし、自分自身が想像していた期間をはるかに追い越して、すべてがとんとん拍子で来ているなというのはあります」

山口がそう語るように、ドラフト4位の高校生投手がわずか5年で日本球界のトップまで駆け上がるとは誰にも想像できなかっただろう。あまりにも順調すぎるし、成長スピードが速すぎる。

実際、オリックスはもっと時間をかけて育てる青写真を描いていた。

高校時代の山本は、プロの投手として成長していく上で明らかな不安要素を抱えていたからだ。

剛腕ならではの代償

高校2年夏の大会後、新チームとして臨んだ新人大会で山本が球速151キロを計測したのは前述のとおりだ。

傑出した出力の高さは投手としての優れた能力を示す反面、ある意味ではアラートとも言えた。まだ身体ができ上がっていないうちから、過度な負荷が右肘にかかっている証でもあるからだ。

事実、山口が視察を予定していたが、山本のコンディションが優れずに登板回避されたことが何度かあった。

山本自身、「高校生のときから肘が痛くなるのは一つの悩みでした」と振り返っている。当時はたくさん投げていたと回顧するが、肘痛の理由は投球の「量」だけではないだろう。「質」が高すぎたのだ。

投手にとって利き腕の肘は、極めてデリケートな部分である。身体全体を使って生み出したパワーがピッチングとして出力される際、肘の内側にある靭帯には大きなストレスがかかる。國學院大學人間開発学部健康体育学科准教授で動作解析に精通する神事努によると、最も大きな負荷がかかるのは投球動作中に胸を張ったときで「15キロ重」に相当する（「baseball Geeks」の記事「【甲子園特集】動作分析から考える投球制限ルールと障害予防」より）。

肘の靭帯はいわばゴムのようなもので、筋肉と違って鍛えることはできない。靭帯が切れると、身体の他の部位から腱を移植するトミー・ジョン手術（内側側副靭帯再建手術）が必要になる。リハビリ期間の目安は約1年で、メスを入れた肘の感覚が馴染むのには約2年を要すると経験者たちは口をそろえる。

だからこそ、身体的に成長段階にある投手の育成にはとりわけ気を遣わなければならない。高校を卒業したばかりの山本は高い能力と故障のリスクを同時に抱えていたため、オリックスは慎重な育成計画を立てた。担当スカウトの山口が説明する。

「能力的には間違いないと思ったんですけど、基本的な体力強化が必要だなと感じていました。うちの球団の方針として、プロ入りしてもそんなに焦らせないようにしようと考えていました。球数制限ではないけれど、球数を徐々に増やしていくという形で1年目は投げていきました。実際先発したときは、70球ぐらいを超えると球速がガクッと落ちることもありましたからね」

プロ入り1年目の山本は春季キャンプから二軍に帯同し、5月9日のウエスタンリーグの広島戦でプロ初登板を果たした。8月中旬までに二軍で8試合に登板し、2勝0敗、防御率0・27という圧巻の数字を残している。

8月20日のロッテ戦で一軍初登板初先発を果たすと、5回を投げて勝敗こそつかなかったものの被安打7で1失点、6奪三振、与四死球1。最速152キロを記録するなど上々のデビューを飾った。

続く8月31日のロッテ戦は5回2失点で、球団では平井正史以来23年ぶりとなる高卒1年目の勝利投手になっている。

その後は3試合に登板し、1勝1敗、防御率5・32でシーズンを終えた。

改めて山本の1年目の登板間隔を振り返ると、不自然な点に気づくかもしれない。

（1）8月20日登録→8月21日抹消
（2）8月31日登録→9月1日抹消
（3）9月12日登録→9月13日抹消
（4）9月26日登録→9月27日抹消
（5）10月9日登録（同日がチームのシーズン最終戦）

一軍登録された日に先発し、翌日に登録抹消が繰り返されているのだ。

「球団がサービスタイムをコントロールしていたのではないか」

後に振り返り、そんな指摘がなされたこともあった。「サービスタイム」とはMLBの用語で、日本で言う「登録日数」のことを指す。

ドラフトで指名された選手は入団交渉で統一契約書にサインを交わした直後から球団の支配下に置かれ、自由に移籍することはできない。初めて自分の意思で所属先を選択できるようになるのは、規定された登録日数を満たしてフリーエージェント（FA）権を手にしたときだ。国内FAの場合、高卒は8年で大卒・社会人は7年、海外FAはいずれも9年を満たす必要がある。MLBでは選手がFAになるのを遅らせるため、たとえ実力はあってもメジャー昇格をわざと遅らせる例は決して珍しくない。

日本では良くも悪くも登録日数に関する意識は球団、選手ともにそこまで過敏ではないが、山本の1年目の登録状況はあまりにも不自然だったため、「サービスタイムがコントロールされているのではないか」という声が一部で上がったのである。NPBの先発投手は、中6日で回るのが通例だからだ。

しかし、山本本人によると実情は異なる。出力が高すぎるあまり、投球時のストレスに右肘が耐えられなかったのだ。

「一軍で投げ始めたときに、肘が1試合でパンパンになっていました。次の登板までに中10日もらっていたんですけど、それでもギリギリ間に合わなくて。でも、投げたいから我慢して投げていたのもありました」

高卒1年目から150キロ台のストレート、鋭く曲がるスライダー、スピードを保ったまま落ちていくフォークの威力は抜群で、大谷が「今年対戦した投手で一番良かった」と振り返るほどの球を投げていた。素質的には、山口が見抜いたように日本のトップに立てるだけの内容だった。

ただし、プロの投手は質の高い球を投げることに加え、耐久力も兼ね備えなければならない。ペナントレースからポストシーズンの戦いは8カ月近くに及び、それが毎年繰り返されていく。だからこそ、15年も先発ローテーションで回り続けるのは至難の業であるのだ。

オリックス1年目の山本は一軍で経験を積み重ねると同時に、高校時代から続く肘の痛みに向き合っていた。懸命に腕を振りながら、薄々と気付いていたことがある。

今の投球フォームでは、いつか限界が来ると——。

プロ野球選手として必要な考え方

２０１７年夏、山口はまもなくやって来る「運命の日」に向けて候補選手たちの最終チェックに勤しむ日々をすごしていた。

同時に気にかけていたのが、高卒1年目に一軍デビューを飾った山本のことだった。時間をつくっては球場に足を運び、難しければ電話やメールで連絡を入れた。

「いいピッチングをしたときには毎回、『しっかりケアをするように』とメールなどで伝えていました。由伸からも、なんでも話してくれていましたからね。実力はもちろん、本当に大人で、プロ野球選手として必要な考え方が素晴らしい選手です。無理するところは無理していると思いますけど、自分の今後のプロ野球人生を見据えて、『これ以上はまずいな』っていうところでは自分でブレーキをかけられる選手です」

山口はもともとオリックスに9年間在籍した右腕投手だった。山陽高校、広島電機大学、三菱自動車岡崎を経て、１９９９年ドラフト１位で逆指名して入団している。

即戦力として期待された1年目は9試合の登板に終わったものの、2年目はリリーフとして32試合に起用された。翌２００２年は41試合登板、勝ちゲームの終盤を任されるようになった一方、9月中旬に肩の故障で戦線離脱する。登板が重なったことに加え、伊良部秀輝（元ロッテなど）に並ぶ日本最速タイの158キロを計測するなど剛腕投手ならではの代償も支払わされた。

結局、9年間で173試合に登板して14勝15敗29セーブ、防御率3・41という成績で現役生活に終止符を打ち、翌年からスカウトに転身した。

日本トップクラスの快速球を誇り、紆余曲折を経た山口のプロ野球人生を知っていれば、「しっかりケアをするように」という言葉は重みを増して聞こえるだろう。

プロ野球の世界には高いポテンシャルを誇るにもかかわらず、ケガの予防を疎かにしたばかりに、一瞬の輝きでキャリアを終えた投手は珍しくない。故障中はしっかりリハビリに取り組むが、癒えた後は予防に手を抜く者もいる。そして、再び戦線離脱を強いられる。「宝の持ち腐れ」が起きるのは、賞味期限をできるだけ長くするための作業が抜けてしまうからだ。投手という職業は、それほどケガと隣り合わせにいる。

山口は選手、スカウトとしてプロ野球に長く携わりながら、第一線で活躍するために必要な考え方が見えてきた。

「具体的に言えば、しっかり自己分析ができた中で取捨選択が的確にできることだと思います。いろんなヒントを投げかけてくれる方はたくさんいるでしょうが、これは自分に合っているのか否かをしっかり見極めてやっていくことが一番必要だと思います」

とりわけ投手が細心の注意を払うべきは、フォームについて与えられる〝ヒント〟だ。鳴り物入りでプロの世界に入った直後、コーチから投げ方をいじられてアマチュア時代の良さをなくしていく例は少なくない。

よくあるのが「肘を上げろ」というように、投球フォームの一部を指摘されるものだ。確かにフォームの一部を切りとればそのとおりかもしれないが、投球メカニクスは一連の動作として行われるものである。局所的に直そうとしても改善にはつながりにくく、同時に危険も伴う。自分の投げ方を見失い、イップスに陥る場合もあるほどだ。

経験則で指導が行われることが多い野球界では、コーチングの未熟さがしばしば指摘される。元選手が教え方を学ばないまま現役時代の実績だけで指導者に転じ、自分という好例を選手に当てはめようとするのだ。

本来、英語の「coach（コーチ）」は「箱型の馬車」という意味で、A地点からB地点まで連れていくのがコーチの役割である。選手に寄り添いながら導いていくことが求められ、決して強制する立場ではない。

だが現実として、「俺の言うことを聞かなければ、試合で使わないぞ」というように

〝ハラスメント〟まがいの言動は珍しくない。伝統的に上意下達の野球界でコーチの指示に従わないことは極めて難しく、山口自身も「普通はできない」と言い切る。

そんな中でも取捨選択を適切に行っていかなければ、のし上がっていけないのがプロ野球という世界なのだ。

「本当に自信というか、メンタルの強さも必要になってくると思います」

山口はそう言うと、山本が会話の中でよく口にするというセリフを教えてくれた。

「所詮、僕もピッチャーの一人なので」というものだ。

プロ野球の各球団には約70人の選手が支配下枠に在籍し、半数近くを投手が占める。つまり代わりの存在はたくさんいて、自分はあくまで駒の一人にすぎないという意味だ。山本は今の立場になってさえ、そう認識している。競争社会の現実を正面から受け止めている姿勢にこそ、強い信念が透けて見えると山口は感じている。

「『自分は自分のやり方で行く』というくらい気持ちが強い選手でなければ、プロで活躍を続けるのは難しい。結果が出ないと、いろんなものにすがりたくなるのは当然ですよね。由伸のような強さは、並大抵のことでは貫けないと思います」

もし山本が普通のマインドを持つ高卒投手だったら、あの試練は乗り越えられなかっただろう。

誰もがそう思わされる〝事件〟が起きたのは、入団2年目の春季キャンプが始まってすぐのことだった。

2年目の春季キャンプでの〝事件〟

「この中に僕の味方は一人もいません」

2018年2月にオリックスの春季キャンプが始まって数日経った頃、当時、山本が契約していた運動用具メーカー「オンヨネ」の代理店プロスペクトで働く阪長友仁が宮崎市清武総合運動公園を訪れると、そう打ち明けられた。

1年目とは大きく異なる投球フォームに改造して2年目の春季キャンプに臨んだ山本は、周囲の猛反対に遭った。球団スタッフの立場から、山口が振り返る。

「期待された中での2年目のスタートで、『投げ方が変わっている』という連絡を球団から受けました。自分はキャンプ初日からチームに帯同していたわけではなく、チームに呼ばれて実際に見たとき、投げ方が全然違うなというのはありましたね。本人はしっかり自己分析ができて、先を見据えていろんなことができる子だとわかっていたので、球団としてはその投げ方がダメということではなく、故障のリスクだったりを考えてのことで、全てを否定していたわけではないです」

山口に当時の〝事件〟について訊くと、婉曲な答えが返ってきた。

野球界の常識で考えれば、オリックスが山本の投球フォームに反対するのは当然だろう。ピッチングは肘から先をしならせるように使うものと考えられ、山本のように肘を曲げずに腕を伸ばしたまま投げるのは「アーム投げ」と分類される。バッティングセンターで見かけるような、アームを旋回させてボールを投げるマシンが由来で、肩や肘への負担が大きいとされる投げ方だ。

じつは春季キャンプに臨む前から、周囲の猛反対に遭うことは山本自身も想定済みだった。とはいえ、高卒2年目の投手が大きなショックを受けたことは想像に難くない。

当時の心情がよく伝わってきたのが、「オリックスで特に出会いが大きかった人」について尋ねたときの答えだ。

山本が挙げたのは3人の名前だった。元投手コーチの酒井勉、スカウトの山口、そして2019年から巨人でプレーしている中島宏之の名を挙げた。

理由にしたのは、いずれも2年目の春季キャンプでの対応だった。

「3人は初めての自主トレが終わった後の2月のキャンプで、僕を否定しなかったんです。中島さんはそれまで1回もしゃべったことがなかったけど、アップをしていたら『最近どうや？』みたいな感じで来てくれて、『こういうことがあって、あまり良くないです』と言ったら、『そんなんやってみてダメだったら、やめたらいいやん。やるならやったらいいやん』って言ってくれました。他は全員否定の中で。酒井さんにも『何を考えてやっているの？』って聞かれて、話したら『それならいいんじゃない』って。（山口）和男さんは最初、たぶん上の人に『止めろ』みたいに言われて来たと思いますけど、次の日にすぐ来て、『お前の話を聞いてなかったわ』って。説明したら、すごく応援してくれて。で、周りの人にもうまく言ってくれてという感じですね」

繰り返しになるが、野球界の常識から考えれば、オリックスの反応は〝普通〟だろう。対して山本の立場からすると、自身が信じて挑戦を始めたことが周囲の猛反対に遭った。すべてを否定されるような感覚に陥ったはずだ。

以上を一言で表せば、両者の間には「齟齬」があった。当事者の山口が振り返る。

「自分が自信を持ってやってきたことに関して、そういうネガティブな感じで捉えられると、自分がやるべきことを否定されていると感じるのは当然だと思います」

球団からすれば、金の卵を傷つけるわけにはいかない。

対して山本からすれば、投手人生を懸けて取り組み始めたばかりのことだった。

両者の間には、決して容易に埋められない「溝」が生まれた。普通の高卒2年目の投手なら、「四面楚歌」で自分の方法を貫けなかっただろう。

だが、山本には信じたことをやり抜く強さがあった。そして、良き理解者がいた。

球団との間に橋を架けたのが、担当スカウトの山口だった。上層部の命を受けて新たなフォームをやめさせようとした翌日、なぜ、もう一度話しに行ったのだろうか。

「ピッチングコーチを含めて球団がどういうふうに考えているかを伝えたら、本人の表情があまりにも曇っていたので、溝を埋められればと思いました。それでも本人は『この投げ方でやっていきます』という強い意志を持っていたので、『それは違う』と否定することは自分にはできませんでした」

山本の奥底にある芯の強さを感じると、山口は立場を変えて、改めて本心を伝えた。

「何か新しいことをしようと思えば、結果が出るまではいろんなことを言われると思うけど、信念を持ってできるのであれば頑張れ。そう声をかけたんですよね。今までの野球界にはない腕や身体の使い方をしていたので。それが1年で結果を出してくれました。

自分自身も球団の人間として由伸と付き合わないといけないところもありますし、同じピッチャーの先輩として付き合わないといけないところもある。いろんな角度から山本由伸と接しないといけないので、当時は自分自身もすごく悩みましたし、辛い思いもしました」

独特なフォームは「アーム投げ」なのか

二人の言葉を振り返ると、投球フォームの変更がどれほどの衝撃を周囲に与えたのか、よく伝わってくるだろう。

誰が見ても明らかにわかるように、プロ1年目とそれ以降で山本の投げ方は大きく変わった。

では、独特なフォームは世間で「アーム投げ」と分類されるようなものなのだろうか。

同じ右投げの投手として、山口が見解を示す。

「自分は由伸の投げ方をアームだと思ったことは1回もないです。テイクバックが体から離れるので『肩に負担が来る』とか、いろんなことを言われていると思います。でも、由伸はテイクバックからトップをつくるときに肩甲骨や肩関節をうまく使えるのでアームだとは一切思わないですね。トップの位置からリリースまでの距離がとれる分、腕の振りを加速させる距離が長くなるので、いいボールを投げられる。理論的には合っていると最初に見たときも思いました。ただし球団の考えでもある、故障のリスクがどうなのかなという疑問があったくらいです。アームだから、とは思わなかったですね」

一般的にピッチャーの投球動作は、並進運動と回転運動に分けられる。最初に始まるのが前足を踏み出す並進運動だ。簡潔に言うと助走のようなもので、下半身で大きく前に行くことでリリースに向けて勢いがつきやすくなり、続く上半身中心の回転運動でスピードを生み出しやすくなる。これらの動作中に身体の各所でうまく力を発揮し、連動させることで球速や球威が高まっていく。

山本の投球フォームでは腕の使い方に目が行きやすい一方、大きな特徴は前足によるストライドの大きさにある。だから山口が説明するように、肘を上げたトップの位置からリリースまでの距離がとれ、より大きな力を生み出せるのだ。

オリックスの山岡やソフトバンクの松本裕樹らとトレーナーとして個人契約する前述の高島も、山口の見解に同意する。山本が独特な投げ方をできる秘訣は「胸郭」のしなやかさにある、というのが高島の解説だ。

「おそらく前足を大きく踏み出してストライドの距離をとりたいんですよね。そのときに上半身は後ろに残っているから、頭は突っ込まない。でも、下半身は最大限前に行けます。その下半身の動作が十分にないまま上半身が前に行って腕を振ると、腕だけで投げるような形になる。そういう身体の使い方をしているからアームのように見えるけど、あれだけ前に行って腕をしならせられるのは技術の高さなんです」

上半身が後ろに残っていながら下半身を前に大きく踏み出せると、回転運動を始める際にひねりの力をより大きく発揮できる。「捻転差」と言われるものだ。逆にこの動作がうまくできないと腕だけで投げるような形になるため、球威は弱くなり、肘にかかるストレスも大きくなる。

アーム投げが良くないとされる理由の一つは、腕が早くから一本に伸びることによって打者に見やすくなることも挙げられる。

対して山本は「プレートの真ん中を踏んでストライドを長くとるため、バッターから腕が見えない」と高島は解説する。投手がボールを投じてから打席に到達するまで0・5秒以下という野球の世界では、球の出どころが見にくいフォームは投手にとって大きな武器になる。

以上の利点もあって、近年流行しているのが「ショートアーム」と言われる投げ方だ。テイクバック時に腕を伸ばさずに曲げたままトップに向かう投げ方で、ダルビッシュや大谷も取り入れている。投手はリリースまでのタイミングを合わせやすいことに加え、打者にとって腕の振りを見る時間が相対的に減ることも利点と言える。

そうした潮流があるなか、逆行するような山本の凄みを高島はこう表現する。

「腕を大きく振ることでバッターにバレるという側面も大きいから、他のピッチャーはテイクバックを小さくしようとします。でも小さくすると、ある意味で腕のしなりを生みにくい。ということは、山本投手の投げ方はしなりが大きいんですよ。それでいてバッターに腕の振りが見えないのはすごくメリットです。普通、あそこから腕を持ってくるのはなかなか大変だろうなと思いますね。その精度がどんどん上がってきているからケガもせず、あれだけ後ろを大きく使える。そうやって自分の身体を大きく使えているのはすごいことです」

トレーナーの高島、元プロ投手の山口が共通して挙げるのは、山本の投球フォームの合理性だ。自身の身体をうまく使い、最大限に力を生み出している。

同時に口にしたのは、山本の投げ方は難度が極めて高く、普通の投手が形だけをマネするとと故障のリスクも伴うという点だった。

山本由伸をマネしてケガする野球少年

毎年秋に開催されるドラフトに向けて候補選手の視察を行うなか、山口は何か引っかかることがあると山本の高校時代の映像を見返している。一つの指針になるからだ。

「下半身や体幹の使い方は高校のときからほぼほぼ変わっていないんですよ。身体の使い方で変わっているのは、胸郭や腕の使い方ですよね。変化したのはそこだと思っています」

山本が名を揚げる過程で知られるようになったのが、ブリッジなど独特の練習法だ。四肢を地面に着いたまま身体を反らし、文字どおり橋をかけるようなブリッジの体勢になり、右手、左手、左足、右足を順番に上げていく映像がユーチューブに公開されると、「柔らかすぎる」と話題を呼んだ。山本によれば、先天的に柔軟性を備えていたわけではないという。

「1年目のオフシーズンに筒香さんと自主トレを一緒にやらせてもらって、自分で言うのもあれですけど結構頑張って。じつはあの練習も、柔らかさを求めたわけではないんですよ。柔らかさに見えて、強さと言うか。例えばブリッジの練習も、あの映像を見た人は『身体が柔らかいね』ってみんな、絶対言うんですよね。でも本当に鍛えているのは柔らかさじゃなくて、強さを鍛えているんです」

山本の躍進の背景は、この説明が象徴しているように感じる。

彼との対話が面白いのは、ヒントを与えてくれる一方、決して皆まで語らないところだ。

だからこそ、〝誤解〟を呼ぶのかもしれない。

山口はドラフト候補を探し歩きながら、しばしば耳にする話がある。

「最初に由伸の投げ方を見てうちの球団が故障を心配した点が、アマチュアの選手たちに見事に当てはまっていますね。アマチュアスカウトで練習を見に行ったときに、由伸が持っている棒状の器具を振っている光景をよく目にするんですけど、その後、故障したとよく耳にします。今の時代、ネットでいろんなことを調べられるので、根本的な土台づくりを知らないまま自分にとって〝都合のいいところ〟だけを切り取ってやってしまい、悪い影響を受ける例がたくさん出ていると思うんですよね」

ユーチューブやSNSの普及は、野球界にも大きな成長をもたらした。デジタルネイティブの中高生はスマホで情報を探し、自身の飛躍につなげている。高校球児と話していると、「ジャイロ成分」や「回転軸」という言葉が当たり前のように出てくるほどだ。

同時に、〝合理化時代〟ならではの弊害も数多く生じている。ブリッジや、やり投げをすれば自分も山本由伸のようになれると思い込み、深層を探ろうとしないのだ。結果、故障に至るケースもある。

鍼灸師の資格を持つ高島の下にも、山本の投げ方を真似して肘を痛めたという野球少年が10人以上やってきたと明かす。

「山本投手のように胸郭の柔らかさがない中学生がフォームだけをマネして、肘を痛めるケースがよくあります。山本投手は『こうやって力を伝えたい』と取り組んだ結果がああいう投げ方になっているのに、周りが『じゃあ、この投げ方をすればいいんだ』というのは安易すぎますよね。マネをするなら、考え方をマネしてほしい。エクササイズを見ても、なかなかできないレベルの動き方をしています。おそらく周囲にアドバイスをもらいながら、自分で考え方をちゃんと構築していく能力が高いんだと思います」

なぜ、高卒2年目の山本は前例のない投げ方にたどり着いたのか。

周囲の猛反対に遭っても、強い意志を持って自身のアプローチを貫くことができたのだろうか。
その強さはいつ、どこから生まれてきたのか。
変身のきっかけになる出会いは、プロ入り1年目の4月にあった。

第二章　1年目オフの「フルモデルチェンジ」

岡山県の南東部にある備前市は、日本六古窯の一つである備前焼の産地として知られている。瀬戸内海に面し、伝統的に漁業が盛んな地域だ。

人口3万3000人ほどの小さなこの街から近年、プロ野球選手が3人誕生している。2016年ドラフト4位で指名された山本は、野球好きなら日本の誰もが知る存在になった。彼の2歳上で実家が隣同士だった頓宮裕真は2018年ドラフト2位でオリックスに指名され、一軍に定着して山本とバッテリーを組むこともある。頓宮がプロ入りした2年後、2020年ドラフト4位で中日ドラゴンズに入団した左腕投手の福島章太も同郷だ。

「小さな街から3人もプロ野球選手が出てきてくれたおかげで、うちの市は盛り上がっています。でも、野球をする子自体は減ってきていますね」

そう話した鈴木一平も、備前市で野球の発展に貢献している一人だ。

社会人野球の王子製紙米子でプレーした後に実家の運動具店を引き継ぎ、「アイピーセレクト」という選手の身体能力を引き出すグローブの開発にトータルプロデューサー、デザイナーとして携わった。筒香は横浜ＤｅＮＡベイスターズ時代から愛用し、ＤｅＮＡでチームメイトだった柴田竜拓も使っている。投手用で、中指を外に出すことで体重移動をスムーズにできるようにする「アルモニーアグラブ」は開発段階で山本に試してもらい、２０２１年途中まで〝相棒〟を務めた。

もともと鈴木と山本は近隣のボーイズリーグの異なるチームで監督、選手として対戦する間柄だった。鈴木は備前ボーイズを１９９６年から率い、山本は東岡山ボーイズで主に二塁手としてプレーしながら時折マウンドに上がった。

「当時の山本君は野手だったから、ピッチャーとしてはピュッて来る感じで『なかなかええ球を投げるな、コントロールもええし』というくらいの印象です。『おお！』という感じではなく、普通にきれいなフォームで投げてきて打ちやすそうな球を投げていましたよ。野手でしたからね」

中学を卒業した山本は故郷を離れ、同じボーイズチームの１歳上の先輩を追いかけて宮崎県の都城高校に越境入学した。１年秋から本格的に投手に取り組み始めると、翌年には球速151キロを計測して注目を集める。3年秋にオリックスからドラフト4位で指名され、入団5年目には投手にとって最高の栄誉である沢村賞に選ばれた。

山本を子どもの頃から知る鈴木だが、これほどのシンデレラストーリーを描くとは夢にも想像できなかった。だからこそ、地元の子どもたちにも好影響があるはずだと考えている。

「うちのチームの選手たちにも、『大事なのは今じゃないよ』と言えますよね。中学生時点で180センチくらいあるような子は注目されるじゃないですか。でも、それだけでは先が見えている。早熟に終わらず、今からどれだけ伸びていくのか。極端に言えば、身長3メートルになれるわけではないですよね。山本君も取り組んでいるエクササイズは大きくない子にも希望を与えます。ピッチャーに大事なのは腕力ではないですからね。山本君はあの身体であの球を投げます。しかも、ウエイトトレーニングをせずにね」

人と人のつながり

中学時代の山本は放課後、鈴木のスポーツ店「ウィズシー」に友だちを連れてよく遊びに来て、野球談義に花を咲かせた。ちょうどアイピーセレクトが開発されたばかりの頃で、「いいですね」と憧れていた。高校に入学して宮崎に行く際に内野手用と投手用を購入し、主に練習で使用した。

２０１６年のドラフトで山本がオリックスに指名されると、鈴木はアイピーセレクトの販売代理店であるプロスペクトの社長、瀬野竜之介を連れて宮崎まで会いに行った。山本が帰省してグローブのメンテナンスにやって来た際、アイピーセレクトのグローブや同社が扱うオンヨネのウエアを使用したいと希望していたからだ。プロスペクトは大阪府堺市に本社を構え、オリックスに入団する山本にとって近くに頼れる人ができるのも大きいはずだと考えた。

「何でも好きなものを食べていいよ」

瀬野の記憶によれば、九州を中心に展開するファミリーレストラン「ジョイフル」に制服を着てやって来た山本は、すき焼き鍋定食を注文した。

「当時は18歳の高校生だし、『こいつはひょっとして大物になるかも』みたいなことは思いませんでしたね。鈴木さんの知り合いだし、『大阪に来ていろいろ縁もあるから、ご飯だったらなんぼでも行こうや』という感じで話をしました。アイピーセレクトやオンヨネに興味を示してくれたけど、山本君は高校生のときには主にミズノを使っていたから、まずは義理を果たしたほうがいいと。『僕らはいくらでも応援するけど、お世話になった人は大事だから。1年目はゆっくり行こうや』という話をしました」

大阪府の浪速高校野球部出身の瀬野は、まさに浪花節で山本に語りかけた。

鈴木が二人を引き合わせたのは、瀬野の仲介で大きな影響を受けた人物を紹介するためでもあった。

〝芯〟をつくるエクササイズ

瀬野は父親が設立した堺ビッグボーイズの監督として2度の全国優勝に導いた後、現在は代表の座を継いでチームを俯瞰的な立場から見ている。筒香や、2022年オフに西武からFAでオリックスに移籍した森友哉、2020年ドラフト5位で楽天に入団した入江大樹は卒団生だ。

10年ほど前から全国的に野球人口減少が著しく進むなか、ビッグボーイズは100人以上の選手数を誇っている。大きな転機になったのは、森が中学2年のときにチーム方針を180度転換したことだった。

以前はいわゆるスパルタ式で鍛え上げていたが、全国優勝を飾った子どもたちは卒団後に伸びていかないばかりか、野球を嫌になってやめる者も多くいた。瀬野は自分のやり方が利己的で、子どもたちのためになっていないのではと自問自答した。中学生の今ではなく、大人になったときに羽ばたけることのほうが大事ではないだろうか。チームとして目指すべき姿を考え直し、子どもたちが自主的に考えて取り組めるような環境を整えた。コーチ、監督を歴任する前出の阪長の提案もあり、主催する大会をトーナメント制からリーグ戦に改めて、成長できる機会をより多くつくり出そうとしている。

ビッグボーイズの特徴としてもう一つ知られるのが、エクササイズを根幹とした身体動作の向上を目標としていることだ。山本が取り組んでいることでも知られるブリッジや、やり投げの発想を取り入れたジャベリックスロー、あるいはフレーチャといった器具を用いたスローイング練習は同チームの選手たちも行っている。

これらのメニューを監修しているのが、トレーナーの矢田修だ。1959年生まれの柔道整復師で、「キネティックフォーラム」を主宰する彼の信奉者は全国にいる。

もともと瀬野が浪速高校時代、当時の監督で恩師の小林敬一良が矢田の指導を仰ぎ、堺ビッグボーイズに引き継がれた。鈴木は瀬野を通じて矢田のアプローチを知り、10年ほど前から備前ボーイズに月1回程度指導に来てもらっている。

矢田の独特な考え方は次章以降で詳しく紹介するが、一言で表せば「身体知」を重視するものだ。身体の声に耳を傾けよう、ということである。

鈴木は初めて矢田のエクササイズを知った際、「衝撃を受けた」と振り返る。

「僕はもともとガチガチの野球人で、筋トレもよくやってきました。でも、矢田先生のエクササイズはちょっと次元が違うなと感じて学び始めました。教えられてうまくなるのではなく、『自分の身体を知る』ということだと思います。エクササイズに取り組んでいると、『身体のことここを一つにつなげると、こうなる』と自分の身体と対話できるようになる。それが野球のパフォーマンスにつながっていくんです」

具体的にはブリッジや倒立、前転や後転、横走り、サイドステップなど野球の動きと共通するエクササイズを練習の最初に行っていく。備前ボーイズでは大事な試合を控えた前日でもこうしたメニューを続け、選手たちに明らかな変化が生まれてきたと鈴木は語る。

「矢田先生は選手に理屈を言うわけではなく、『まずはこういうメニューをやってみよう』と取り組んでいきます。その中に、『このメニューは身体のここを伸ばす動きです』というものが含まれている。その動きを覚えた上でスローイングに活かすと、手だけで投げるのではなく、身体が全体的に動いて投げられるようになる。矢田先生は『上があったら下もある。左があったら右もある』という言い方をされますけど、要は身体を〝部分〟で捉えるのではなく、〝身体全体で使う〟という認識になります。腕の力だけに頼るような投げ方が非常に少なくなるので、故障する選手が圧倒的に少なくなりました。確実に言えるのは、スローイングが良くなって足も速くなります」

山本がドラフトで指名された頃、鈴木は矢田から学んで備前ボーイズで取り組んでいる内容を詳しく話した。ウエイトトレーニングで身体をつくり上げていくような現在の野球界の本流とは大きく異なるが、自身や中学生たちは感覚的に研ぎ澄まされ、選手としてめきめきレベルアップしていると実感している。

鈴木が山本にそうした話を伝えた理由は、彼の野球人生を案じてのことでもあった。すでに150キロを計測するほどのスピードボールを投げているが、プロの世界でこのまま順調に成長していけるかはわからない。田舎育ちの少年が、海千山千の競争社会でのし上がっていけるだろうか。

プロ野球選手として末長く活躍するためには、何か〝芯〟になるようなものを身につけたほうがいい。鈴木がそんな思いを込めて矢田や、彼に中学時代から師事する筒香の話を伝えると、山本は興味を示した。鈴木の表現をそのまま使うと、「120%こっちを向いた」。

じつは山本自身、もともとウエイトトレーニングに懐疑的な印象を抱いていた。

ウエイトトレーニングは必要か

今や普通の公立高校でも取り入れられるほど、野球界でウエイトトレーニングは当たり前のように行われている。

都城高校時代にはトレーナーが月に1回程度指導にやって来たが、山本はウエイトをあまり好きになれなかったと振り返る。果たして何のために取り組むのか、腑に落ちなかったからだ。

「僕のほうがすごく細くて小さいのに、周囲より速い球を投げられることが結構あったから『本当にウエイトが必要なのかな?』って何となく疑っている部分もありました」

野球選手がウエイトに取り組む目的は、言わずもがな野球の上達につなげるためだ。その上で一つ留意すべきは、筋肉細胞が成長・増加する「筋肥大」と野球のパフォーマンスアップは必ずしも結びつくわけではないということだ。トレーナーで前出の高島は、身につけた筋量をいかに力として出し切れるかという「筋出力」の観点から説明する。

「例えばボディビルダーは一定以上の筋量を身につけていますが、出力系のトレーニングをしなければ、運動時に生み出される力は最大化されません。彼らのように筋肥大が目的なら筋出力を気にしなくてもいいですが、投手にとっては力のある球を投げることが重要です。身につけた筋量を力として最大限にボールに伝えるためには、トレーニングで筋出力を高めていくことが必要になります」（高島誠『革新的投球パフォーマンス　普通の高校生でも毎日50分の練習で１４０㎞／ｈを投げられる』より）

加えて、ウエイトトレーニングのやり方自体も重要になる。ノンフィクション作家の上原善広による『一投に賭ける　溝口和洋、最後の無頼派アスリート』は野球関係者の一部でも高く評価を受ける著書だが、欧米トップに対する身体的不利をトレーニングで埋めて、やり投げで世界の第一線で戦った溝口は同書でこんな話をしている。

「では、その種目に合ったウェイトとは一体、どういうことなのか。

一言でいえば、ウェイトは筋肉を付けると同時に、神経回路の開発トレーニングでなければならない。筋肉を動かすのは、筋肉ではない。脳からつながっている神経が動かすのだ。

この神経がつながっていないと、せっかく付けた筋肉が使えない。結果、体が重く感じてしまう。物理的にも重くなっているのだからそう感じて当然だ」

溝口も指摘するように、アスリートにとってウエイトはあくまでパフォーマンス向上につなげるためのアプローチである。

翻って言えば、競技のレベルアップにつながらなければ意味がない。

野球界でも少なからず、「ウエイトをすると重くなって動きにくくなる」という声が聞かれてきた。バッティングやピッチングで望ましい結果を残すためには、自分の身体を思うように動かせる必要がある。

同時に、野球はスピードやパワーが勝負を大きく分ける競技でもある。一定以上の力を発揮できることが、好成績を残すためには不可欠だ。

今も球界では、ウエイトトレーニングが必要か否か、しばしば議論が交わされる。個人的には、二元論は不毛に感じてならない。重りを持って身体を鍛えることは、あくまで手段でしかないからだ。

それを誰より証明しているのが山本だ。彼が一切ウエイトに取り組まないのは、プロ野球ファンの間では広く知られるところだろう。その理由は後述するが、一つ興味深いのは、筋量は増え続けている点だ。

自分の身体全体を思うように使って力を最大限に発揮できるようになるために、ある意味ではウエイトよりハードなトレーニングを重ねているからである。

運命の出会い

山本が矢田というトレーナーの存在に興味を示したのには、もう一つ理由があった。以前から右肘の痛みに悩まされてきたものの、病院や整骨院を訪ね歩いても原因を突き止めることができなかったからだ。

「先生たちから『インナーをもっと鍛えたほうがいい』とか『ストレッチをしてみてはどうか』などとアドバイスをもらったことはたくさんあったけど、僕的には全然納得していなかったというか、ピンと来る答えはもらえていなかったんです」

身体の深部にあるインナーマッスルを鍛えたり、ストレッチで柔軟性を高めたりすれば、身体全体をより効率的に使えるようになって肘への負担が減るだろう。

一般論として医者や整体師のアドバイスは正しいと考えられるが、アスリートが局所的に何かを変えても必ずしも成果につながるわけではない。大事なのは、自分自身を大局的に捉えられるようになることだ。つまり、本質を理解するということである。

鈴木が矢田から学び、山本に伝えたかったのはそういうことだった。

瀬野に紹介を受けた山本はプロ1年目の2017年4月、大阪市の鶴橋にある矢田接骨院を初めて訪れた。大阪環状線の線路沿いにある同院はいわゆる町の接骨院という規模で、矢田が主宰する「キネティックフォーラム」の施術所もここにある。毎年オフになると、筒香や山本、その他のプロ野球選手たちは2階の限られたスペースで鍛錬を重ねている。

矢田は初めて会った山本の身体を触り、投手としての理想を尋ねた直後、厳しい言葉を投げかけた。

「寝る間を惜しんでトレーニングをしたとしても、今の投げ方の延長線ではあなたの思い描く理想には行かれへんよ。そこに行くためにはフルモデルチェンジが必要ですよ」

1カ月前に高校を卒業したばかりとはいえ、己のやり方でプロの世界までたどり着いた投手だ。初対面の者から、自身を根底から見つめ直したほうがいいと言われたら反発しそうなものだが、山本の受け止め方は真逆だった。

「最初は少し話しただけだったですけど、すごく解決してくれそうだなと何となくピンと来て。もともとの原因から直していかないと、改善されないということでした」

当時の山本は右肘の張りを頻繁に感じていたこともあり、厳しい指摘を素直に受け止めた。

対して、矢田があえて刺激的な言葉を選んだのはもちろん意図があった。

筒香嘉智という存在

かたや、瀬野は矢田のところに山本を連れていく上で、拭い切れない不安があった。

「矢田先生の奥深さがわかるとは思えなかったんです。プロに入って1年目だったし、高校時代にそうした教えを受けてきたわけではないので」

だからこそ、念押しを込めて山本にこう伝えている。

「矢田先生のところに行くのはいいけど、痛いから行くとか、痛くなくなったから行くのをやめるとかではなくて、エクササイズなどがあるからそういうのも含めて定期的に通ったほうがいいよ」

二人を引き合わせた数週間後、瀬野は所用で矢田接骨院を訪れた。居合わせたスタッフの東直美に山本の様子を訊くと、「毎週のように来てエクササイズを真剣にやっています」という答えだった。

「最初の衝撃でしたね。『あれ？ すぐにわかるんだ、これが』って」

プロのキャリアを踏み出したばかりの山本には、幸運も手伝った。オリックスの若手選手たちが暮らす「青濤館」という寮がある舞洲から、鶴橋までは公共交通機関で1時間弱の好アクセスにある。そうした縁にも恵まれ、山本は熱心に通った。

「当時の自分は『あっ、これだ』と思っていました。でも、2、3週間に1回行って理解できていたかと言われたら、今になって思えば、できていなかったようなものですね。オフシーズンに毎日行くようになって矢田先生から教わりました。筒香さんからも、『この取り組みは本当に深いものだから考えてやらないといけないし、それを野球につなげるのが大事だよ』と考え方の面も指導していただいて。必死に毎日を過ごして、少しずつ入っていけた感じですね」

山本が信じた道を進む上で、とりわけ大きかったのが筒香嘉智の存在だった。

メジャー投手の「重いボール」

ちょうど山本がドラフトで指名された2016年に本塁打、打点の二冠に輝いた筒香は独特な感性を持つ打者だ。

DeNAを経て2020年からMLBに移籍し、渡米当初は思うように結果を残せなかったものの、翌年8月に3チーム目のパイレーツに移って以降は43試合で打率2割6分8厘、8本塁打と持ち味を発揮した。2022年は故障もあって再び低迷、パイレーツを退団してブルージェイズとマイナー契約を結んだ。同年限りで契約満了し、2023年1月にレンジャーズとマイナー契約を結んだ。

海を渡った日本人打者には〝メジャーの壁〟がさまざまに立ちはだかるが、その一つが「重いボール」だ。MLBの投手はリリースするまでの身体の使い方や、ボールの握り方が多くの日本人投手と異なるため、力負けするケースが少なくないと考えられる。

バッターにとって弾き返しにくい「重いボール」は日本人投手たちも追い求めるものので、2022年末にMLBのメッツへの移籍を決めた千賀による興味深い見解が『Number』1052号に紹介されている。筆者でスポーツライターの田尻耕太郎によると、千賀は2019年頃から投げ方をアップデートさせる必要性を感じていたという。

「日本人のピッチャーって肘を起点にして投げる人が多い。肘から投げましょうと教わって育ってきたから。僕もそうでした。だけど、それでは質のいい球って実際には投げられないと実感していました。メジャーの投手や、日本ならば則本（昂大・楽天）さんの投げ方がいい。意識するのは『体でどれだけ放れるか』。肘を使わずに体の中心で投げるか。それを求めています」

肘を起点にするのではなく身体全体で放ってくるメジャーリーガーの「重いボール」に対し、日本人打者が打ち返すには球威に負けないように出力を発揮できるようになる必要があるのだろうか。2021年末、帰国中の筒香に「web Sportiva」でリモートインタビューの機会を得た私はそう質問した。

「重いボールに負けないように力で勝負しようとすると、絶対に負けます。だから、矢田先生に教えていただいているいろんなエクササイズをしながら、日々、身体の中をつくっています」

〝身体の中をつくる〟とは、一体どういうことだろうか。

「僕の表現で言うと、身体の中が詰まっていくような感覚です。スカスカの状態にならないように、詰まっていくような作業をしながら、自分の身体を自由に操れるためのエクササイズを日々やっています」

矢田のエクササイズに取り組んだことがない者にとって、なかなか理解し難い表現だ。力をロスせず、バットに力を伝えてボールを打ち返すということだろうか。

「ロスしないように打つのではなく、身体の中がしっかり詰まっていけば、ロスしなくなるということです。あくまで身体が先です」

他者の感覚を第三者が理解するのは簡単な作業ではない。感覚はあくまで、本人の中に存在するものであるからだ。私は著述業を営む者としてできる限り正確に表現したいと努めているが、一方、選手本人にとって重要なのは、感覚を自分の中でメカニズムとして落とし込み、パフォーマンスの再現性を高めていくことだろう。

筒香から受けた影響

筒香が矢田の薫陶を受けるようになった原点は中学時代に遡る。生まれ育った和歌山県橋本市から車で1時間以上かかる堺ビッグボーイズへの入団を決めたのは、10歳上の兄・裕史による影響が大きかった。

裕史は香川県の尽誠学園高校時代に甲子園に出場したが、ベンチ入りは果たせなかった。大学でも野球を続けたもののミスを恐れてマイナス思考になり、そのまま中退する。弟にはより良い環境を整えてあげたいと、自宅から通える範囲にあるビッグボーイズを探し出した。周囲には野球の実技や目の前の結果を求めるチームが大半で、ビッグボーイズのようにエクササイズなどを取り入れたチームは珍しかった。

瀬野によれば中学時代の筒香は膝や腰などをケガしがちで、車で1時間半ほどの矢田接骨院には兄の裕史が主に連れていった。そうした月日を重ねるうち、筒香は中学3年生の終わり頃にエクササイズの重要性を深く感じられるようになった。兄が用意してくれた好環境で努力を積み重ね、10年以上経った後に夢のメジャーリーガーとなって羽ばたいている。

横浜高校時代は距離もあって鶴橋に行くことはできなかったものの、筒香はプロ入り後、1年目のオフから矢田に指導を仰ぐようになった。そこへ山本もやって来るようになったのは、筒香が球界で不動の地位を確立した頃だった。

中学時代から筒香を知り、プロになってからマネジメント業務を引き受けている瀬野は、山本への影響を確かに感じている。

「一番は立ち姿ですね。エクササイズの影響もあると思いますが、親子にしても空間を共有することで移っていくことがあるじゃないですか」

山本が矢田の下へ定期的に通うようになった頃、瀬野は理由を尋ねたことがある。

「やっぱり筒香さんの影響が大きいですね」

山本から見ると筒香は7歳上で、野球界の一般的な上下関係を考えれば初めから気軽に話しかけられるような距離感ではなかっただろう。そもそも野手と投手でポジションが異なると、同じ野球選手と言っても接点はそう多くない。

それでも山本が他の投手とは異なる道を進む上で、すでにプロ野球で成功を収めている先駆者が間近にいることは、この上なく大きかった。

「すべて変わった」1年目のオフ

オリックスで1年目を終えた2017年のオフシーズン。

2年目の春季キャンプに臨む前、矢田の下で筒香と一緒に行った自主トレでの成果について、山本はこのように振り返っている。

「そのときに、すべてと言っていいくらい変わりましたね」

すべてというのは、投げ方から考え方までを含めて全部だ。

まずは内面の変化について、少年時代から知る鈴木はこう証言する。

「もともとは普通の子で、ちょっとやんちゃ系なんですよ。それから筒香君や矢田先生と出会って、自分をちゃんと保ちながらやっていきました。そうしてスターダムに行きましたね」

野球で台頭するような少年は、周囲と比べてパワーがあり余っている場合が珍しくない。そうした意味で、山本は〝やんちゃ系〟だったのだろう。

プロ野球選手たちは腕一本でのし上がっていくことが求められ、自分をレベルアップさせるためのヒントを常に探しているものだ。その中には筒香や山本の噂を聞きつけて、矢田の門をたたいてくる選手が毎年のようにいる。

だが、長続きしない場合がほとんどだという。理由はさまざまに考えられるが、一つ言えるのは、矢田のエクササイズはそれだけ大変かつ地道な内容であるということだ。

なぜ、山本は高卒1年目から継続し、自身の血肉にできたのだろうか。

理由の一つは、高い目的意識だった。

「しんどい練習は、何でやるのかという理由がないともちろんやれないと思います。僕が特に高い目標を持っていなかったとしたら、この自主トレは絶対耐えられないと思うし、まずここに来ないはずです。やっぱり〝こうなりたい自分〟とか、目標がたくさんあって、その中には大きい目標があるからできるという部分があります」

プロ6年目の自主トレを終えた直後の2022年1月末、山本はそう話した。

今までハードな時間を積み重ねられたのは、将来的に〝こうなりたい自分〟が見えていることに加え、隣に理想の人がいることも心強かった。

「筒香さんが近くにいたから頑張れたっていうのも一つあります。たぶん選手たちの中で一番苦労しているのも筒香さんだし、一番練習しているのも筒香さんなので。だから筒香さんが言っていることはスッと入ってきますし、そうなりたいと思って自分も頑張れたし。本当に尊敬できるという感じですね。エクササイズや練習の取り組み方とか、普段の考え方はすごく参考にしています」

山本が矢田の下で初めての自主トレを行った2017年オフ、筒香は大阪市内のホテルから通っていた。山本はオリックスの寮がある舞洲から公共交通機関で来ていて、練習の帰りに車に乗せてもらった。

「大阪市内まで1時間くらいの道のりで、筒香さんはずっと話をしてくれました。一人で運転して帰ったほうが気楽に決まっているのに、後輩たちのためにという思いがすごくある方なので。自分を多少犠牲にしてでも後輩のためならという思いがある方で、そういったところを教えてもらったり、話す機会をたくさんいただいたりしました」

高い目標を持つ山本には幸運も味方した。モチベーションを高めてくれるような理想の先輩がそばにいて、厳しいトレーニングを続けられる環境が整っていた。

とんでもない球と、悪い予感と

矢田の下で行う自主トレは、午前中は接骨院の２階にある限られたスペースでエクササイズを重点的に行い、午後はグラウンドに移動して走り系のメニューや野球の練習に移っていく。

来る日も来る日も鍛錬を重ねながら、山本には内面だけでなく、投手としても大きな変化が表れ始めた。

「とんでもない球を投げ出しましたよ。筒香君も『おお！』って言っていました」

矢田から連絡を受けた鈴木は、大阪まで自主トレを見に行った。

これは一軍で活躍するだろうな――。

キャッチボールや遠投を見ると、そう思わせられるような球を投げていた。

山本と会話を重ねると、鈴木は成長のスピードに驚かされた。

「もうここまでわかっているの？　率直にそう思いましたね。僕は彼のことをずっと見てきたので、『なんじゃ、このスピードは』って感じました。投げている球も明らかに変わっていましたし」

対して瀬野には、別の感情が沸々と込み上げてきた。山本が進化する速度に驚かされたのは鈴木と同じだったが、プラスの面だけを素直に受け止めることはできなかった。

これはまずいぞ――。

瀬野の胸中には、悪い予感が広がっていった。

「矢田先生と取り組んでいるプロセスが、野球界では決して肯定されるものではないと思いました。自主トレを始めた12月から1月にかけての変化が、それくらいすごかった。僕は矢田先生との付き合いが長いですが、山本君は短期間で明らかに変化している。それは僕らから見ればいいことなんですけど、同時にこれはまずいぞ、と」

矢田の教えを瞬く間に咀嚼し、山本は自身の血肉としていった。だからこそ、投げる球の質が目に見えて変わった。

その成長を一言で表せば、力強さがアップした。いわゆる「球威のある球」や「重い球」と言われるような球質を身につけた。

野球における「球の強さ」は、弾道を追跡して解析するラプソードやトラックマン、高性能カメラと画像解析技術を組み合わせたホークアイといった現代のテクノロジーをもってしても数値化できない一方、投手や打者が誰しも口にするものだ。今は１５０キロのストレートを投げる投手が増えてきたなか、打者は山本の投げるストレートをなかなか前に飛ばせずに苦労させられているのが何よりの証左だろう。

そうした球質の変化を呼び起こしたのは、投球フォームの変化だった。

プロ1年目と2年目では、誰が見ても一目瞭然で投げ方が変わっている。

高校時代の山本は、いわゆるオーソドックスな右腕投手だった。ノーワインドアップから左足を勢いよく上げて、軸足に乗って体重移動をしながら上半身の回転運動の中で腕を振っていく。右腕を振る最中、肘は曲げてから伸ばすようにしならせてリリース時の力に変えた。

オリックス1年目の映像を見ると、若干変化したのは左足の上げ方が少し静かになったことだ。この頃はまだ、プレートを踏む位置は一塁側だった。

それが2年目以降、より正確に言えば1年目オフの自主トレを境に、山本の投げ方は大きく変わった。最もわかりやすい変化として、右腕を後ろへ大きく引き伸ばしてから投げるようになった。

山本自身の表現で言えば、「身体をより大きく使う」という投げ方になる。対して、前述したように周囲は「アーム投げ」と指摘した。

野球界の一般的な見方から言えば、後者に分類されるのが普通だろう。少なくとも当時は、この投げ方は〝非常識〟だった。

「これは、『やめろ』と言われますね」

瀬野が筒香に意見を求めると、予想どおりの答えが返ってきた。

プロ野球という世界を身をもって知る筒香の言葉を聞き、瀬野は胸騒ぎが収まらなかった。

やり投げトレーニングの成果

2017年オフの自主トレを境に山本の投球フォームが〝フルモデルチェンジ〟を果たす上で、一助となったものに「ジャベリックスロー」というメニューがある。

やり投げの導入として開発された競技で、ターボジャブという重さ300グラム、長さ70センチの器具を使用する投てき種目だ。ジュニアオリンピックでは正式種目として実施されている。もともと陸上選手だった矢田は、10年ほど前から野球選手のトレーニングに取り入れるようになった。

だが、ジャベリックスローは慣れると力任せに投げても飛んでいくことや、器具に重みを感じないために投げにくいといった改善点を抱えていた。

そこで瀬野は野球でスローイングをする際の感覚により近づけるべく、矢田に監修してもらって「フレーチャ」を2021年にプロスペクトで開発した。重さ400グラム、長さ73・5センチのこの器具はスペイン語で「矢」という意味を持つ。

矢田が開発に力を貸したのはジャベリックスローの限界を感じると同時に、自分が口で説明するよりもフレーチャを投げたほうが、投球動作につなげる上での狙いをうまく伝えられるのではと考えたからだった。足から手先を一本の釣竿のように使い、〝一番大きな身体の使い方〟をできるようにという意図が込められた。

山本は現在の投げ方にたどり着く上で、矢田からフォームについて言われたことは「ほぼない」と言い切る。

「エクササイズを行い、外でやり投げをして、じゃあボールを投げるならこうかなとやっていきました。その連続で、どんどん投げる形が変わっていきましたね」

まさに、矢田の狙いどおりだった。

だが、そこから先に進んで道を切り拓いていけるかはすべて山本にかかっている。

ピッチングという動作については、自信を持って送り出すことができるレベルに到達した。トレーニングの成果は確実に表れ、強い球を投げられるようになってきた。

ただし、その方法論が周囲に受け入れられるとは限らない。

プロ野球のように職人や超人たちが腕一本で競い合うような世界には、長らくの時間をかけて形づくられてきた価値観が根強く存在する。一見、その流儀に反しているように見える山本のやり方は、果たしてチームで認められるのだろうか。

高い理想を掲げる山本は、進むべき道を力強く歩み始めている。

矢田はそう確信を抱きながらも、春季キャンプに送り出す上では不安しかなかった。

第三章　ＢＣエクササイズでできた心身の「軸」

いちげんさんお断り――。

１９８０年に開業された「矢田接骨院　鶴橋」のホームページを開くと、屋号のすぐ下にそうメッセージが書かれている。

なぜ、最も目につきやすい場所に、あえてハードルを高くするような文言を掲げているのだろうか。

「レベルどうこうではなく、物事を真剣に捉えてほしいという気持ちですね。僕、単純に世の中、運と縁だと思うんですよ。運に選んでもらうような生き方をするのも自分なら、縁を呼び込んでくるようなのもその人の生き方じゃないですか。世の中は運と縁なので、運と縁のつながりでお越しいただきたいですという気持ちなんです」

矢田接骨院の院長である矢田はそう説明した。筒香や山本がプロ野球選手としてのキャリアを切り拓く上で、多大な影響を与えている人物だ。

柔道整復師の彼がトレーナーとしてアスリートたちをサポートする上で根幹にあるのが、代表を務める「キネティックフォーラム」の考え方だ。

矢田接骨院のホームページの右上にあるリンクをクリックすると、その説明が詳しく書かれている。

〈キネティックフォーラムでは20年以上も前から根本的な改善を目指し身体バランスの研究を重ねてきた。その真意は一般的な取り組みとは大きく異なるものである。例えば筋肉の起始停止や一関節筋と二関節の関連性など、正しく身体が使えるようになると、一般論とは全く違う方向への作用が生まれる。それは、古典物理で解明されるように単純ではなく、説明はできるが暗黙知（経験知）であり、身体知として自分自身で確認できるように導いていくものである。

筋力の違いや関節可動域の違いも、それに伴って起こる動作の偏りも、全て結果的に起きている現象であり、結果に対して対症的に行われるアプローチでは根本的な改善は望めない。長年研究を積み重ねることにより、心と体の状態を解析し、原因にアプローチすることで、症状の改善、パフォーマンスの向上が認められるようになった。一側面

からではなく全人的な調和を求めることが大切であり、キネティックフォーラムが目指すものである〉

2017年4月某日。

山本はオリックスに入団して1年目の春、初めて矢田の下を訪れた。自身の現状と今後の理想を語り、矢田の話に耳を傾けると、何かピンと来るものを感じた。以降、数週間に一度のペースで指導を仰ぐようになった。

5試合に先発したルーキーイヤーが終わると、冬の自主トレでは毎日通い詰めた。当時、ともに自主トレを行う一人にDeNAの捕手・高城俊人（2022年限りで現役引退）がいた。チームメイトで先輩の筒香に、この年から同行してトレーニングを行うことにしたのだ。

彼らが重点的に取り組んだのは、矢田が考案した「BCエクササイズ」という取り組みだった。

「身体はバランスよく使うことが大事だから、身体全体を使って自分の力を出すんだよ」

山本は矢田から最初に教えられたことをそう振り返る。BCエクササイズは、ウエイトトレーニングとはアプローチから目的まで異なるという説明だった。

毎日必死で取り組んでいるうちに、これまで味わったことがないような可能性が感じられた。

とりわけ記憶に残っているのが、高城と腕相撲をしたときの体験だった。

「普通に腕相撲をしたら、高城さんのほうが僕よりめちゃめちゃ強いと思います。でも矢田先生の補助があると、高城さんの重心が浮いて飛ぶような感じになり、僕が勝つんです。それを最初に感じられたとき、『これでボールを投げたらどうなるんだろう』って思いました」

山本の身長178センチ、80キロに対し、高城は176センチ、83キロ。数字的には大差ないが、高城は捕手というポジション柄もあってパワーを備えている。そんな相手と腕相撲をしたとき、矢田の補助が入ると圧勝に終わったのだ。

「他にも矢田先生の補助がついていれば体感できるような、すごい力の出し方をどんどん実感して、『うわっ。これができれば』っていう気にどんどんなっていきました。どうやったらこういう力を発揮できるんだろうと思っているうちに、すごく夢中になっていって。無限大の可能性というか、そういうのを感じましたね」

スポーツに多い〝落とし穴〟

山本が自主トレで通うようになる8カ月ほど前の春、初めて訪れた際に矢田は厳しい言葉を投げかけている。

「フルモデルチェンジが必要ですよ」という指摘だ。

果たして、どんな意図を込めたセリフだったのだろうか。

「野球に限らず指導するとなったら、わかりやすく説明するじゃないですか。わかりやすくないと、相手に伝わらないですから。でも、〝わかりやすく〟ほど大きな落とし穴はないんです。例えば誤解を招くとか、違う解釈をされることがありますよね。言葉尻だけを捉えると、指導者の意図とは違う形になったとか。スポーツの現場ではそういうことが多いと思います」

どうすれば、自分の真意は山本にうまく伝わるだろうか。矢田はそう考えて、あえて刺激的な言葉を選択した。

「彼も自分の思い込みの投球をやっていたので、その思い込みを排除しないことには動きは変わりません。『ここをこうしようか』と部分的に伝わって形はでき上がっても、中身はまったく別のものになりますよね。だからまずその思い込みを消すということで、『フルモデルチェンジが必要やね』と伝えました」

初対面の矢田がそう伝えると、山本は「やります」と即答した。

だが、矢田はその返答を素直に受け止めることはできなかった。

「簡単に『やります』と言うけど、まだあどけない少年が大丈夫かな？　筒香君と同じように厳しさに耐えていけるだろうか」

矢田が胸に抱いた不安は、瀬野が彼の下へ連れて行く際に感じたのとまるで同じものだった。

そんな第一印象が変わり始めたのは、山本が通うようになって3カ月ほど経った頃のことだ。

「できるようになったんですよ！」

一体、何ができるようになったのか。矢田はすっかり忘れていて、山本の言葉に思わず「何のこと？」と聞き返した。

「前にこんなことを言われて、僕はできなかったですよね？　でも自分でやっていたら、できるようになったんですよ」

え？　やってたん？

山本が継続的に取り組んでいたことに、矢田は率直に驚かされた。

初めてやって来た頃から3カ月間、山本は努力しているそぶりをまったく見せなかった。〝やっている感〟をアピールするような言動は、微塵もなかった。

ところが人知れぬところで努力を続け、成果を得られたときに初めて報告に来た。あどけない少年は、純粋な表情を浮かべていた。

山本の人間性が、矢田にはストレートに伝わってきた。

「本人が〝できる・できない〟や、〝しんどい・しんどくない〟で判断するのではなくて、『これは俺、やる必要があるやろうな』と思ったことはコツコツやる子だなっていうのがそういう形でどんどんわかってきたんです」

これなら、行けるかもしれない。

山本の真摯な姿勢が伝わってくるにつれ、矢田はそう思い始めた。

BCエクササイズができるまで

そもそも矢田は山本に初めて会った際、なぜ「フルモデルチェンジが必要」と感じたのだろうか。

「僕らって、指導するのが仕事とは違いますから。選手が来て、いきなり投球やトレーニングの相談というのはないんですよね。選手たちは自分の現状を把握するために来るから、まずは身体を触ることになります」

矢田も資格を持つ柔道整復師は日本独特の制度で、奈良時代から行われていたという記述もある。以下、帝京平成大学のホームページから抜粋する。

「柔道整復師が扱う『柔道整復』は柔道を起源に、東洋医学と西洋医学を融合させた療法で、手を使って身体に刺激を与え、人間が持つ自然治癒力を引き出す治療を行います。解剖学、生理学、運動学といった基礎医学に加え、患者と直接触れ合うため、コミュニケーション力も求められます」

香川県で生まれ育った矢田が、柔道整復師を志すきっかけは高校時代の体験から来ている。1970年代中盤の話で、矢田は陸上の400メートルハードルの選手だった。

当時、日本のスポーツ界は総じて〝体育会系〟だった。

矢田が置かれた環境も例に漏れず、練習中に集団でのインターバル走で限界に達して倒れ込んだ選手がいると、指導者は「おい！　水を持ってこい」と命じた。口から飲ませるのではなく、顔に浴びせて目覚めさせるためだ。選手が意識を取り戻すと、「おっ、気づいたか。じゃあ、周りについていけ」と続行させるのが当たり前の時代だった。

あるとき、矢田は足首をケガして全力で走れないことがあった。ろくに練習できる状態ではなかったが、もし集団から外れて休んでいれば、指導者に「今度の試合に出んでええぞ」と怒られるのはわかり切っている。なんとか設定タイムをクリアする必要があるものの、足首が痛くて満足に走れない。

ウォーミングアップ中、たまたま右側を向いたら足首が楽になったように感じられた。腕をいつもと違うように振ってみたら、足に痛みが走らなくなった。

これは絶対に何かある——。

直感的にそう思ったことが、矢田が柔道整復師を目指したきっかけだった。

柔道整復師の資格を取得すれば、患者の身体を触ることができるようになる。ふと光が差した道に矢田は進み、国家試験に合格した。その後は現場で働きながら、試行錯誤を繰り返した。

大自然の中で生まれ育った矢田は、子どもの頃から夢中になったことがたくさんある。サーフィン、スキー、車のレース、トライアスロン、素潜りは特に突き詰めた。なかでも車のレースは4WDで坂やジャンプ台がある特設会場を走る競技で、全日本王者に輝いたこともあるというほどだった。

「自分が納得いくまでとことんやったんですね。仕事もろくにせんと（笑）」

矢田はそう冗談めかしたが、各競技を通じて見えてきたことがたくさんあった。

車でエンジンがパワーアップしていくのは、一体どういう原理なのだろうか。

自分一人で速く走れるようになるには、どうすればいいか。

素潜りの最中に突如寒気を感じたが、この恐怖感はどこから来ているのだろうか。

ちなみに矢田は、素潜りをしていてサメと遭遇したことが3度あると語る。

柔道整復師の仕事が忙しくなると、その他の活動はストップし、本業一本に専念するようになった。

必死で働いていると、あるとき、過去の体験がさまざまに関連して感じられるようになった。一見、まったく関係ないように思われることが、じつは根底で通じている。

え？　人の身体って、なんでこんなんなってるの？

「それが現在の活動に行った始まりです。15年くらい活動する間に、アウトラインができていきました。ややこしいですね（笑）」

そうしてでき上がっていったのが、筒香や山本に伝えているBCエクササイズだ。

治療と指導で一番大事なこと

スポーツのコーチと違い、矢田は実技を教える立場ではない。医師のように、身体の問題を根本的に解決していく役割でもない。トレーナーとしてできるのは、選手に方向性を示し、ともに歩んでいくことだ。

そうした立場に立つ矢田の根底にあるのが、柔道整復師としてのアイデンティティだ。公益社団法人日本柔道整復師会のホームページによると、柔道整復師の業務は以下の説明になる。

「接骨院や整骨院では、柔道整復師によって、骨・関節・筋・腱・靭帯などに加わる外傷性が明らかな原因によって発生する骨折・脱臼・打撲・捻挫・挫傷などの損傷に対し、手術をしない『非観血的療法』によって、整復・固定などを行い、人間の持つ治癒能力を最大限に発揮させる施術を行っています」

非観血的療法とは、出血を伴わない内科的治療のことだ。施術を通じ、患者の自然治癒力を高めていく。

矢田が患者や選手に対し、自身の担う役割を説明する。

「僕の中で治療は、『ほら？　僕が施術したから治ったやろ』というものではなく、相手に気づいてもらうしかないことなんですよね。それが一番大事なことなので。そう考えたら、指導であろうが、治療であろうが、一緒やなとなって。治療の根本がありますよね？　これをどういうふうにしたら、健康や競技力向上につながるのか。元はと言うたら、自分が治療を学びたかったからそういうことに気づいたんだと思います」

柔道整復師として治療を突き詰めていくうちに、患者を回復させる段階を超えて、パフォーマンス向上につながるところまで見えてきた。実際、柔道整復師や理学療法士、はり師やきゅう師などの資格を取得した後にトレーナーとして活動する者は多くいる。

矢田は選手の身体を触ると、よく見えてくるものがあると話す。

「身体を触ったら、例えばこの子はピッチャーだとか、こんな投げ方をしているなと感じられます。いいところも、悪いところもやっぱり身体に出ていますから。それから判断すると、この子はこんな投げ方をしているんやなっていうのが出てきます。

逆に言うと、今、動画とかがいっぱいありますけど、あのほうが騙されるんですよ。というのは、大事な瞬間はポンと飛んでいるんですよね。言うたら、限りなく動画に近いパラパラマンガじゃないですか。その1枚、1枚の間に大事なところが入っているんですね。だから動画に頼るよりも、身体を触ったほうが僕は信用できるんですよ」

動画はあくまで、静止画を細かくつなぎ合わせたものだ。限りなく連続性のあるものだが、そこには再現されない感覚もある。矢田に限らず、そう指摘する野球指導者は確かに存在する。

矢田にとって「身体を触る」ことは、言わば原点だ。そこからスタートすることで、自身の判断を下していくことができる。

「身体を触って『あっ、こういうことやな』とわかった上で、その中から粗探しではないけど、『こんなイメージを持っている？』とか、『こんなこと言われるか、自分でやっているか、ない？』と聞いていきます。『身体を見ると、こういう特徴が出ている。それは欠点ではなく、あなたの個性としてね。そういうものがあるけど、心当たりはない？』って聞いたら、だいたい9割は一致します。その上で、『これからどうしていきたいの？』って先の話になっていくんです」

２０１７年4月、矢田は初めて訪ねてきた山本の身体を触り、過去から現在、そして将来の理想を訊くと、「今の延長線上では無理やな」と感じた。

そこで出てきたのが、「フルモデルチェンジが必要」という言葉だった。

山本は「やります」と素直に受け入れた。

同じ5キロでも、〝力の質〟が変わる

２０１７年オフの自主トレで山本が高城と腕相撲をした際、矢田の補助を受けたら圧勝に終わったという話を紹介した。一体、補助で何が変わったのだろうか。

「わからないです」

即答した山本は笑みを浮かべると、自身の解釈を続けた。

「整えて、正しい方向に力を出してということだと思うんですけど」

山本が矢田の下で行った自主トレでの取り組みは、この言葉に簡潔に説明されている。言い換えれば、自分の身体をいかにうまく使いこなし、より大きな力を発揮していくのかということだった。

その成果はピッチングによく表れた。現在の山本はプレートの真ん中を踏み、ホーム

ベースに対して真っすぐに力を伝えている。言葉を置き換えると、「正しい方向に力を伝えている」と言えるだろう。

オリックスでの1年目を振り返ると、プレートの一塁寄りから捕手方向へ踏み出していた。投球フォームと並び、わかりやすい変化の一つだ。

そんな話を振りながら山本の感覚を掘り下げるような質問を続けていると、矢田が「茶々を入れていいですか?」と会話に入ってきた。

「腕相撲の話に戻りますけど、〝力の質〟が変わるんですね。そうとしか言いようがない。簡単な表現をしたら、5キロの重さがありますよね。地球上のどこへ持っていっても、5キロは5キロじゃないですか。でも、自分の気持ちや身体の状態など、そのときのあり方で〝重み〟が変わりますよね。誰が測っても5キロだけど、自分のあり方で5キロが軽くなるときもあったら、5キロ以上に感じるときもある。これは〝5キロ〟のせいとは違いますよね。自分のせいです。そういう質の変化を自分で感じていく。

相手より、急に自分の腕力が上がるわけではないじゃないですか。相手は手加減してくれるわけではないじゃないですか。でも質が変わるから、『何でこんなことが起こるの?』っていうことが普通に起こってくる」

矢田が説明したような力の感覚がわかってくると、試合中や日々を過ごす中でブレが少なくなり、パフォーマンスの安定感も高まっていくのだろうか。

そう話を振ると、山本は大きく頷いた。

「それが体操（エクササイズ）で、まずは身体を整える。でも、身体を整えるっていうのが結構難しいことなので、自分では整えられない日も最初は特にありました。２０２１年はだいぶ安定しましたけど、最初はバラバラでしたね」

投手タイトルをすべて手中に収めるなど〝無双〟した２０２１年シーズンだが、開幕直後の山本は確かに不安定だった。５月19日に行われたロッテ戦までの9試合は3勝5敗と黒星が先行し、防御率２・37。自責点4を記録した試合も2度あった。

それが翌週の5月28日のヤクルト戦以降は17試合に登板して15連勝を飾り、最終的に防御率１・39を記録している。

歴史的な好投の背景にあったのが、「身体を整える」作業だった。

すべては「正しく立つこと」から始まる

「プロ野球選手でも、正しく立てている選手はほぼいません」

春らしい晴天の2021年4月末、私は初めて矢田に会いに行った際、そう聞いたことが強く印象に残っている。

3カ月前の1月後半、筒香が故郷の和歌山県橋本市の子どもたちに「トークとエクササイズ体験会」を現地とオンラインで実施した際、ある少年と面白いやりとりをしていたからだ。

「朝起きたら、何のトレーニングをしていますか」

少年に質問された筒香は、少しためらいを見せてから答えた。

「起きて一番にすることですか？　僕はちょっと……ウソはつきたくないので本当のことを言うんですけど、朝起きて布団から出たら、その場に立って30秒から1分間、自分の重心の位置を確認します」

筒香が照れ笑いを浮かべると、画面上で数人の子どもたちが「フフフフ」と笑い声をあげた。

「変な人やと笑わんことやぞ！」

破顔しながらツッコんだ筒香に対し、「どうやって確認するんですか」と少年が再び訊いた。

「日々取り組んでいるエクササイズがあるので、それで毎日つくっている感覚から身体の状態について、今日はこっちに偏っているかなとか、ここが詰まっているかなとか、真っすぐきれいに立てているかなとか、そういう確認を朝起きてすぐにします」

真っすぐきれいに立つことは、筒香や山本が毎日取り組む矢田のBCエクササイズにおいて原点になるものだ。

矢田から送られてきた解説には、理由がこう書かれている。

正しく立てない者は、正しく歩くことはできない
正しく歩くことができない者は、正しく走ることはできない
正しく走ることができない者は、正しく投げることはできない
正しく立つには、正しい呼吸と集中が大切

つまり「正しく立つこと」は、すべての動作の起点になるわけだ。

実際、山本が矢田の下へ通い始め、最初に取り組んだのは「真っすぐ立つこと」だった。

「自分では真っすぐ立てているつもりでいたんですけど、まったくそれはちゃんと立てているとは言えなくて。『これ、真っすぐ立てていないんだ』っていうところから始まりました」

いつ頃から、「真っすぐ立つこと」ができてきたと感じられるようになったのか。

「わからないですけど、少しずつ、本当に徐々に変わっていっているなという感じで。始めてから4、5年くらいやっていると思うんですけど、気づいたらっていう感じです。徐々に身体が変わっているのはもちろん自分でもわかりましたけど、『これができた』と思うようになるというより、また次の問題が出てきたりするので、『これができたな』と思ったことはあまりないですね」

2022年シーズンのキャンプイン数日前、山本はそう答えた。

一つのハードルをクリアしたら、次のハードルが待ち受けている。目の前の壁を乗り越えるごとに自分のレベルが上がり、より難度の高い課題に挑めるようになる。だから満足感に浸る暇はない。今も山本は、挑戦を続けている最中だ。

その途上で果実として得られたのが、身体の変化だった。

「もちろん身体の見た目も変わりますし、ボールもどんどん良くなるし。投げた後の疲れ方もまったく変わってきたし。そんな感じですね」

セットアッパーとしてブルペンの勝ちパターンを担った2年目。

先発として最優秀防御率を獲得した3年目。

31イニング連続無失点を記録した4年目。

そうした年月を経て、初めてフルシーズンを戦い切った5年目は沢村賞に輝いた。

さらに6年目は、史上初の2年連続投手四冠&史上6人目の2年連続沢村賞を受賞している。

日々を重ねるにつれて徐々に進化していく過程で、取り組みの根幹にあるのが「正しく立つ」ことだった。

「正しく立つ」とはどういうことか

立つという行為自体は、1歳前後の赤ちゃんでもできるようになる。

では、「正しく立つ」とはどういうことなのだろうか。

「自然の原理どおりに立っているかどうかです」

矢田はシンプルな言葉で表した。

だが、普段から自然の原理を意識して立っている人は決して多くないだろう。

野球の指導現場では時折、「踵体重になるな」という指摘を耳にする。重心を後ろに置くと、体重移動がしにくくなるためだ。

逆に、母趾球（親指の付け根にある膨らみ）と小趾球（小指の付け根）に乗ったほうが動きやすく、力を発揮しやすいと主張する者もいる。

これらには諸説あり、一概にどれが正しいとは言い切れない。

対して、矢田の説明はこうなる。

「少なくとも立つということでは、足の指を使った時点で間違いですよね。つま先に乗ったら、バランスが悪くなります。逆に踵に乗ったら、指に力が入りますよね。言ったら、足の裏の指を入れないところに均等に乗れているかどうか。重心と言われているものであったり、自分の中心と重力でつなぐものであったり、そういうものに自分の感覚の中でつなぐためには点で探すとうまくいかないんですよね。だから、全体的に真っすぐ立っているということです。

大抵みんな、立ったら太ももやお尻、腰に力が入っていますよね。それも排除しましょう。言うたら、だるま落としのだるまみたいな感じです。ポンポンポンとパーツをたたいて並べたら、きれいに立てるでしょ？　どこにも力が入ってないでしょ？　そんなのが理想やと思ってもらえたらいいです」

自然の原理どおりに立つとは、身体の重心や地球上の重力を踏まえた上で、身体の余計な場所に力を入れず、バランスよく立つということだ。

こうした説明は、一般的にはより〝わかりやすく〟なされることが多い。

例えば私が通う大手スポーツジムには、「美しい姿勢」の立ち方が写真で図解されている。その説明によると、母趾球と小趾球、踵の3点に「バランスよく加重し、5本の指が着いているのが理想」だ。ジムは運動レベルの異なる老若男女が通う場所であり、より具体的な解説のほうが万人に理解されやすいはずだ。

対して前述したように、矢田は〝わかりやすく〟ほど大きな落とし穴はないと考えている。先のだるま落としの説明のようにイメージで伝えようとしているのは、そのほうが感覚的な理解に落とし込みやすいからだろう。瀬野や鈴木の言葉を借りれば、こうした話は「奥深い世界」の入り口とも言える。

矢田のアプローチは、決して万人に受け入れられるものではない。

だからこそ、「いちげんさんお断り」とホームページに掲げている。

「逆に困惑させてもあかんから、最初の段階で先に話をします。『大丈夫かなあ、ひょっとしたら我慢できるかもわからない』っていう人にはOKを出しますけど、『いや、これは明らかに無理やな』っていう人には、丁寧に、『他にもっと向いているものがあると思いますから』っていう形でお話ししています」

実際、矢田の下を訪れてきても、他を勧めるプロ野球投手が毎年のようにいるという。

BCエクササイズの根幹を成す「5つのB」

現在の野球界では、ウエイトトレーニングで筋力アップして出力を高めていくことが主流となっている。日米のプロ野球で進む投手の平均球速アップとも、大きく関係すると考えられる部分だ。

一方、矢田はウエイトトレーニングを一切推奨しない。

彼の教えを受ける山本は、「ウエイトトレーニングを否定するわけではなく、それよりもBCエクササイズがよりいいっていう言い方になります」というスタンスだ。独特の方法論で、2022年シーズンには自己最速159キロを更新した。

ウエイトをしなくても投手として進化を遂げている背景には、地道に取り組み続ける

ＢＣエクササイズがある。その根幹を成すのが「５Ｂ」と言われるものだ。ブレス（Breath）、バー（Bar）、ボウル（Bowl）、ボード（Board）、ブリッジ（Bridge）の頭文字から来ている。

私が初めて矢田の下を訪れた際、キネティックフォーラムで一緒に活動する岡田裕貴がＢＣエクササイズの実演とともに説明してくれた。

「動きだけを見るとすごく単純に見えるんですけど、めちゃくちゃ奥が深くて、常に自分の身体を探りながら行っていきます。矢田先生は『帰ってくる場所』とおっしゃいましたけれど、すべてのエクササイズ、特に５Ｂは自分の身体のコンディションや感覚の確認になります」

岡田によると、５Ｂの組み合わせや派生を含めると、ＢＣエクササイズは３００種類以上あるという。５Ｂはブリッジを除いてそれほど大きな動きを伴わないが、前転や後転、横回りなど身体の動きがあるメニューが加わってくる。

これらのエクササイズに通じるのは、身体の中心がどこにあるのかを確認しながら、動きの中で重心をうまくコントロールしていくことだ。

山本は髙城との腕相撲で矢田の補助を受けて勝利した理由について、「整えて、正しい方向に力を出して」と説明したが、ここにつながってくる。

改めて、先の矢田の解説を引用する。

正しく立てない者は、正しく歩くことはできない
正しく歩くことができない者は、正しく走ることはできない
正しく走ることができない者は、正しく投げることはできない
正しく立つには、正しい呼吸と集中が大切

最初の3つは、すんなり理解できるだろう。動作として延長線上にあるものだ。

では、呼吸はなぜ大切なのだろうか。

「呼吸をそんなに気にしたことはなかったです」

山本に聞くと、率直にそう答えた。

彼と同じで、おそらく多くの人はリラックスするために深呼吸することはあっても、普段の呼吸は無意識に行っているだろう。

山本は矢田の下へ通うようになり、こう考えるようになった。

「呼吸でつくるお腹の部分だったり、それでまた他の身体の感覚を整えることにつなげたりという感じですね。やらないと、わからないことだと思います」

ＢＣエクササイズの「ブレス」は、パックジュース用の短いストローより若干細く、硬めの素材でつくられた「B-TUBE」という器具を使用する。

最初は座位、あるいは立位でチューブから空気を深く吸い込み、鼻や口から楽に吐く。立位の場合は力まずに立ち、お腹の底までしっかり息を吸い込むことがポイントだ。第1・2段階は「体幹深部を鍛える↓整える」ことで、しっかり息が吸い込めるようになると、体幹の中心に真っすぐな柱のようなものが感じられるようになるという。

第3段階は、ゆっくりとしたウォーキングやジョギングなどをしながら同様に行う。無理をしないで徐々に時間を伸ばしていき、「体幹深部と動きをつなげる」ことを目指していく。

以上が5Ｂの「ブレス」だ。呼吸の重要性を矢田が説明する。

「呼吸というのは体性神経支配ではなく、自律神経支配ですよね。自律神経が整っていなかったら呼吸もおかしくなるし、呼吸が正しくなければ自律神経もおかしくなる。一方通行とは違うじゃないですか。双方からそういうことは言えるから、動きづくりの第一歩となる『立つ』の第一歩ということになってきますよね。そうなることによって、一般的には呼吸として行われている身体や筋肉の作用もいろいろありますよね。それが逆に、呼吸以外のことにも作用し始めるんです。そういった大きな意味を含んでいると思ってください」

ここはいわゆる「奥深い世界」に当たるところだ。矢田がウエイトトレーニングを推奨しない理由にもつながってくるもので、詳しい内容は次章で言及したい。

自分の重心をコントロールする

5Bの中で、最もベーシックなエクササイズは「バー」を使ったものだ。木製で、肩幅より少し長いくらいの細い棒を使用する。すりこぎ棒程度の細さだ。

岡田が実演してくれた基本メニューは正座の体勢になり、身体の後ろの肩のラインよりやや上の位置でバーを両手で水平に持つ。その状態でまずは首を前後に動かし、次は胸郭を左右に動かす。今度は腕を真っすぐに上げて頭の上でバーを持ち、腰の前まで大きく円を描くように下ろしてくる。

「体調や気温によっても、自分のコンディションや感覚がずれていることがあります。

どこが邪魔をしているのか、ずれているのか、これをやると確認できるんですね。『邪魔をしている部分を取り除くには、別のアプローチをしていこう』とバーエクササイズで確認してもらっています」

岡田はそう説明すると、次は5Bの「ボウル」を始めた。

「ケアディスク」と言われる器具で、半球に3つの円が重なった形のくぼみがあるものを使用する。陸上競技専門メーカーのニシ・スポーツが矢田と共同開発した。ネットショッピングのアマゾンでも売られている。

エクササイズとして実施するのはいわゆる開脚だが、ケアディスクの上で行うことに意味がある。岡田が解説する。

「この器具に乗っていると、自分の重心がすごくわかりやすくなるんですね。普通の開脚は単に筋肉を伸ばすとかストレッチが目的ですけど、ケアディスクに乗ると、例えば新体操をしていて身体がすごく柔らかい子が、開脚はできてもこれにはなかなかうまく乗れないことがあります。『ボウル』は自分の重心を真ん中に集めるためのエクササイズの一つです。開脚で乗ったり、胡座で乗ったり、いろんな乗り方があります。乗り方によっても身体の重心の場所が変わってきますので、どんな乗り方でも自分の重心のズレを確認するという意味でこの器具を使ってやっています」

重心とは質量の中心を表し、重さ的に最もバランスのとれている点のことだ。身体の中で最も動きの少ない場所であり、そこを中心にすることで動作や回転をしやすくなる。逆に言えば、重心がズレていると力を発揮しにくくなったり、ケガにつながるリスクもあったりするから、自分で正しい位置を確認できたほうがいいということだろうか。

「そうですね。立ってみたらわかりやすいですけど、例えば極端に前屈みになって重心がずれたら、手が上がらないですよね。しっかり真っすぐ立って重心がわかっているから、力が発揮できるわけです。座ってやると重心もわかりやすいですし、矢田先生もおっしゃるように骨盤底筋群の働きはなかなか普通の体操では感じにくいところです。ケアディスクはその辺がすごく意識しやすい道具です」

真っすぐ立ったとき、重心は骨盤内にある。骨盤底筋群は文字どおり骨盤の底にある筋肉で、恥骨や坐骨、尾骨についているものだ。骨盤底筋群の働きを感じられるようになると、重心のコントロールにもつながってくる。

自分のズレを確認する

5Bの4つ目は「ボード」だ。木製で長さは50センチほど、横幅は片足がちょうど乗るくらいの大きさの器具で、ポイントは3・6センチという厚さにある。

これはリンケージボードという器具で、さまざまな体勢で乗りながらエクササイズを実施していく。最もベーシックなものは両足をそろえて乗るメニューだ。片足だけボードの上に乗せて、逆側の足は地面に着く形になる。岡田が説明する。

「なぜ3・6センチかと言いますと、大体3センチくらいまでは、人間の身体は無意識に（重心を）調整するんですよ。あとギリギリ6ミリ増えるだけで、『あれ？　こっちのほうが高いぞ、低いぞ』って身体が気づくんですね。わざと両足に高さの差をつけて、全身の協調性を発揮する。特に骨盤や下腹部に余分な力が入っているとなかなか立てないので、そこを調整する意味でこのボードに乗ってもらいます。両足をそろえるのが一番基本の乗り方で、足の位置を前後にずらしたり、足をクロスさせて乗ったり、ボードの上に後ろ足の膝を立てて前後に開脚するメニューなどがあります」

ここまで5Bの4つ目まで説明したが、文字で読んだだけでは想像しにくいかもしれない。岡田の実演で初めてBCエクササイズを見た私の印象としては、「正しく立つこと」が「正しく歩く」や「正しく走る」「正しく投げる」につながっていくことを動作として、よりイメージできるようになった（興味がある人は、ユーチューブで「kinetic this time BCエクササイズ」で検索すれば、関連動画を視聴できる。公式動画を視聴するにはキネティックフォーラムのホームページで有料会員登録が必要）。

簡潔にまとめると、5Bのバー、ボウル、ボードいずれも、自分の身体の重心を感じながらズレを確認して整えていくエクササイズだ。身体の中の筋肉（インナーマッスル）をうまく使えるように、身体を一つにつなげて動かせるように考えられた体操を行っていく。山本や筒香が野球選手としてパフォーマンスを発揮する上で、その土台に存在しているものだ。

そして5Bの最後が、山本の動画も拡散された「ブリッジ」である。

力じゃない、力

2022年までオリックスでトレーナーを務めた鎌田一生が2019年に自身のユーチューブチャンネル「鎌田一生のベースボール&トレーニングTV」で「山本由伸：150キロ中盤の豪速球の秘密①」というブリッジをしている動画を公開すると、野球ファンの間で大きな話題を集めた。2023年1月24日時点で約21万回再生されている。
驚きの声として多かったのが、「柔らかい」というものだった。一般人が普通にブリッジをするのとは違い、一流アスリートならではの身体のしなやかさや美しさが伝わってくる。

ただし、山本はもともと柔軟性に秀でていたわけではない。
2019年シーズン終盤に京セラドームを訪れて直接話を聞くと、筒香との自主トレで獲得したという答えだった。

「1年目のオフシーズンに自主トレを一緒にやらせてもらって、自分で言うのもあれですけど、結構頑張って。実はあの練習も、柔らかさを求めたわけではないんですよ。まあ、この先は秘密かな（笑）」

あの練習とは、ブリッジのことだ。この後のやり取りは、「NewsPicks」のインタビューを再録する。

――（ブリッジで求めているのは）可動域？

「柔らかさに見えて、強さと言うか。例えばブリッジの練習も、あの映像を見た人は

『体が柔らかいね』ってみんな、絶対言うんですよね。でも本当に鍛えているのは柔らかさじゃなくて、強さを鍛えているんです」

——強くなった結果、柔らかく動かせるのですか。

「うーん、柔らかいとは違うんですよね。伝え切れないですけど。柔らかければOK……でもないんです」

——求めているのは、力をどうやって最大化して発揮するか？

「そうです。いいピッチングをしたいから、やっている練習なので。ブリッジがきれいにできたらOK……ではなく。それをどうするか、というか。結局は『速い球を投げたい』『いいコントロールで投げたい』というのを求めているので。ブリッジができるのを求めているのではない、ということですね」

——あの映像を見ると、ほとんどの人が「ブリッジがすごいな」と見ちゃうけど……。

「はい。『柔軟性がすごいな』で、終了。そうじゃなくて……という感じです」

——「力を抜いた中で、身体全体で力を入れて（投球の）力を作り出していく」と話していました。それは今、話していたようなことですか。

「そうですね。力じゃない、力」

ブリッジの先にあるもの

山本はブリッジについて「柔らかさを求めたわけではないんですよ」と言った直後、「この先は秘密かな」と冗談めかした。

それは自分の感覚が他者になかなか伝わらない経験を繰り返してきたからなのかもしれない。相手が理解できるまで説明しようとしたら、限りあるインタビュー時間のかなりを要することになるだろう。それでも、伝わらない可能性が高い。

私はそんな胸の内を察しながら、何とか言葉を継がせようと質問を続けた。インタビューを読み返すと、苦心している様子が蘇ってくる。

振り返って良かったのが、「力じゃない、力」という表現を引き出せたことだった。

それから1年半後、初めて矢田の下を訪れて話を聞いた際、山本や筒香もオフにトレーニングに打ち込んでいるという矢田接骨院の2階の限られたスペースで、BCエクササイズを岡田に実演してもらった。

5Bの最後に行われたのが「ブリッジ」だった。岡田がピンクのヨガマットを敷きながら、口を開く。

「これが一番、力ではない力というのがわかりやすいと思います」

まさに、京セラドームで山本に聞いたのと同じ言葉だった。

「矢田先生もおっしゃったように、ウエイトをガンガンやっている人は全然できないですよ」

岡田はいわゆる筋肉質タイプとは真逆で、どちらかと言うと水泳や陸上の長距離選手のように、体脂肪率が極限まで削ぎ落とされている様子が服の上からも伝わってくる。

岡田は一般的なブリッジの体勢で静止すると、さまざまなパターンを披露した。

左手を上げてお腹を触ったかと思えば、次は右足を上げてそのまま真っすぐ垂直に持っていく。いずれも重心は保たれたままだ。今度は右手を上げて上半身を左にねじって下向きブリッジになり、次にまた右手から元に戻って再びブリッジの体勢になる（動きのイメージとしては、前出の鎌田のユーチューブチャンネル「山本由伸：150キロ中盤の豪速球の秘密②」が近い）。

応用編として、360度回転するものもあった。まずは下向きにブリッジをする。手を軸に足だけ少し右に回り、身体を捻って反転しながら180度回ってブリッジ。右足を上げ、再び身体を捻って反転しながら180度回り、最初の位置に両足を開いて着地する。文字での説明だけではわかりにくいだろうから、前述したユーチューブの「山本由伸：150キロ中盤の豪速球の秘密③」「山本由伸：150キロ中盤の豪速球の秘密④」を参照してほしい。肘が伸びて美しいブリッジの体勢から体をしなやかに動かしていく様子を見ていると、「力じゃない、力」という意味が感じられるだろう。

先に引用した「NewsPicks」のインタビューで、山本はブリッジの目的について「速い球を投げたい」「いいコントロールで投げたい」ことが先にあると語った。

実際、5Bとは別のエクササイズで前転や後転、横回り（足を緩やかに伸ばして床に座り、腰を軸にして横に回転していく。手を足の下に回すと回りやすい）など動きのあるものができてくると、一連の動作として投球動作を入れていく。矢田によれば、こうしたエクササイズがピッチングやフィールディングの上達にも結びついてくる。

「横回りなどができてくると、その一連の流れの中の一つの動作として投球動作などを入れていくんです。例えばピッチャーだったら、ここの自主トレで行うのはエクササイズと遠投がメインになってきますよね。それをやっているだけで山本君はチームに戻ったら、『フィールディング、良くなったね』って褒められたそうです。『僕、何も練習してないのに』って。エクササイズをやっていることで、体が勝手に動くようになってくるんです。山本君、ピッチャーゴロをさばくのがめちゃめちゃうまいじゃないですか。特にそうした練習を集中的にしているわけではないのにね（笑）」

山本は2021年にゴールデングラブ賞に輝いたように、投手守備でも軽快な動きをよく見せている。

個人的に印象深いプレーの一つが、2022年8月2日にベルーナドームで行われた西武戦で4回一死から見せたフィールディングだ。俊足の9番・金子侑司が放った投手頭上に高く弾むゴロを背走して捕球し、その勢いのまま二塁方向へ後ろ向きに走りながら身体をうまく一塁方向へ向けて送球し、アウトにしたのだ。一連の動きの中でバランス感覚をうまく保てるからこそできたプレーで、一般的な選手なら方向感覚を狂わせて暴投になってもおかしくない状況だった。

矢田が話したように、エクササイズを通じて重心をコントロールできるようになり、バランス感覚が高いからボールに反応して送球につなげられるのだろう。

投球動作にも同様なことが言える。ボールを投げる際に行う体重移動の中では下半身から上半身、細かく言えば足の外旋筋やハムストリング、腹筋、胸郭、背筋、肩甲骨、腕など身体の各部位をうまく連動させて力を最大化させていくことが重要になる。こうした点をブリッジなどのエクササイズで高めていることこそ、プロ野球投手の平均身長より劣る山本が誰より勝てている理由の一つだろう。

力じゃない、力——。

謎かけのような表現は、地道な取り組みから生まれている。

山本は力任せに速い球を投げようとするのではなく、自身の身体をできるだけ有効に使うことで、より大きな力を発揮できるようになった。

ウエイトより難しいエクササイズの成果

山本がウエイトトレーニングを一切しないことは、球界では広く知られている。だが、身体的にスケールアップしていないということではない。むしろ年々、スーツのサイズは大きくなっていると語る。

「身体がどんどん大きくなっていて、形も変わっています。筋肉もなぜか増えているし」

エクササイズを日々繰り返し行うことで、結果として筋量アップにつながっているのだろうか。

そう尋ねると、隣で聞いていた矢田が口を挟んだ。

「身体を動かすのは筋肉です。でも筋肉の使い方や、使う筋肉がみんなと全然違います」

山本がウエイトをしないことに関し、SNSでもさまざまな意見が飛び交っている。その中で興味深い指摘を目にした。BCリーグの茨城アストロプラネッツでS&C（ストレングス&コンディショニング）コーチを務め、その実績などを買われて2023年に日本ハムとトレーナーとして契約した小山田拓夢が2021年6月10日にツイッターに投稿したものだ。

「山本由伸投手はウエイトしないって言っても、あれだけキネティックフォーラムやり込んでるならそこらのウエイトやってる人よりよっぽど上半身へのTUTは長いし負荷掛かってると思う。ウエイトトレーニングはやってないけどレジスタンストレーニングは人並み以上にやってるというのが正しい見方か。」

レジスタンストレーニングとは筋肉に対して一定の抵抗（レジスタンス）を繰り返しかけて筋力を鍛えるトレーニングのことだ。「TUT」は「time under tension」の略で、「筋肉の緊張時間」を表す。つまり小山田が指摘するのは、山本はブリッジに代表されるようなエクササイズで筋肉への負荷を相当かけているということだ。

このツイートに反応したのが、アメリカの独立リーグでプレーする投手の赤沼淳平だった。

「そうなんですよね!!　別に重りを扱うことが全てとは限らないんですよね。まぁ楽なんですけど笑」

赤沼自身はウエイトトレーニングに人一倍取り組み、逆に投げ込みはしない。ウエイトによるパワーアップと身体動作の向上を投球パフォーマンスアップにつなげ、アメリカでプレーしながらメジャーリーグ球団との契約を目指している。

小山田と赤沼の見解に共通するのは、ウエイトトレーニングが合う人もいれば、他の方法のほうが適した人もいるということだ。

ウエイトが必要か否かの議論にはさまざまな意見があるなか、トレーニング好きのフォロワーも多い二人がこうした見解を示すのは示唆に富んでいる。一つ確実に言えるのは、山本が行っているブリッジなどのエクササイズは極めて高いレベルにあるということだ。

山本自身、そうした見解に同意する。

「すごく難しいことですね。『トレーニングのところを紹介してよ』って言われるんですけど、なかなか続いた人はいないですよね。いつも2、3回くらい来て、だいたいの人は来なくなるという感じです。よくわからないまま……」

ある意味、ウエイトトレーニングは成果がわかりやすいものだ。パンプアップ、つまり筋肉が一時的に大きくなることは誰にでも感じられる。

対して、山本の取り組みはそうではない。

「BCエクササイズは例えばウエイトみたいに100キロ上がったとかがないから、本当に理解するのは余計に難しいと思います」

肉体面でも、ウエイトとは成果の表れ方が異なる。今度は矢田の説明だ。

「ウエイトとは筋肉がつく場所が違うんですね。外見上は何も変わっていないから、みんなから見ると『こいつ、やっぱりウエイトやってへんから』『サボっているから』となるじゃないですか。でもプロ野球では毎年いろんな計測が行われて、山本君は筋肉量が毎年アップしているんです。『じゃあ、どこについているの?』ってなるじゃないですか。僕らにしたら、見えるところについているのは無駄な筋肉で、大事な筋肉は見えないところにあんねんでって。そこがどんどん成長しているから、筋肉量はアップしているんです」

ＢＣエクササイズは、身体の内側にアプローチしていくものだ。そうして筋肉量が増えているということは、インナーマッスルが鍛えられているのだろうか。

「アウターマッスル、インナーマッスルで言うとインナーになりますけど、これはすごく微妙なんですね。微妙と言うのは、インナーというのは『これとこれとこれ』、アウターというのは『これとこれとこれ』と、該当する筋肉の部位が出てきますよね。そういう一括りで言うとインナーには間違いないですけど、野球の世界で重要と言われるインナーマッスルとはもっと違うインナーを使います。

例えば『横隔膜を下げてください』と言われて下げられる人は、まあいないですよね。でも、それをどうやって行うかがわかってこないと、『あかん、今日、俺、えらい横隔膜が浮いているわ』っていうときに、どうやって下げるのかとなりますよね。リラックスしても下がりません。そういう部分で、野球の世界で一般的に言われているインナーマッスル以外の部分もたくさんあります。一般的には付随的な筋肉であっても、ＢＣエクササイズを通じ、それを意図的にコントロールできるようになります」

体幹を鍛える重要性は、近年、野球界でも広く指摘されている。横隔膜は体幹にある

4種類のインナーマッスルのうちの一つで、胸骨、肋骨、脊椎に付着している筋肉だ。呼吸するたびに伸縮し、深い呼吸を助けてくれる。一般的にはお腹の「くびれ」を目指す女性の美容や、血行促進につながる健康法でも横隔膜のトレーニングは言及されることがある。

一方、ＢＣエクササイズは自分の身体を思うようにコントロールできることを目指し、内側にあるさまざまなインナーマッスルにも働きかけていく。そうして意識的に自分自身を動かせるようになることが、正しく立つことや、走ること、投げることにつながっていく。

〝帰ってくる場所〟

筒香や山本の影響を受け、毎年のように新たなプロ野球選手が矢田の門をたたいてくる。

ただし、彼らのようにその道を追求し続ける者は決して多くない。

ウエイトトレーニングは一切行わないなど、野球界の一般的なアプローチとは異なる方法であり、球界の〝常識〟で考えれば無理はないのかもしれない。懐疑的に取り組むくらいなら、自分が信じられる道を進んだほうがいいだろう。

では、山本はどのように自身の成長を実感していったのか。

「本当に徐々にですけど、成果が出てきて、肘の痛みも気づいたら消えていて、ボールがどんどん強くなっていってという感じです。徐々にというか、気づいたらというか」

高校時代からプロ1年目まで、投げるたびに張っていたという肘の痛みは全然感じなくなったのだろうか。

「そうですね。2021年に初めてシーズンを完走しましたけど、どんどん良くなっているなと感じます」

過去のインタビューを読むと、山本は「1年目は上半身で投げていた」とコメントしている。

「振り返るとそうですね。例えば肘が痛かったり、すぐに疲れたり、疲れて80球くらいで球威が落ちていたと思います。今は試合を投げ終わった後の疲労感も変わっていますね。前も（2021年の）日本シリーズで140球投げましたけど、どんどん良くなっていったっていう感じです。そういうのを感じて、『やっぱりこれだ』って、毎回どんどん夢中になっていきます」

ＢＣエクササイズを通じて身体の土台をつくり、上半身に頼るのではなく全身を使って投げられるようになった。そうした成果がボールの力やスタミナとなって特に表れたのが２０２１年シーズンだった。

11月27日、ヤクルトが王手をかけて迎えた日本シリーズ第６戦に先発した山本は、〝無双〟した1年間の集大成のようなピッチングを見せた。

2回までは６人連続アウトに仕留めるなど、完璧な立ち上がりだった。だがフォークの制球に苦しみ、味方のエラーもあって3回から5イニング続けて先頭打者に出塁を許す。それでもピンチになるとギアを上げて凌ぎ、８回は山田哲人、村上宗隆、ドミンゴ・サンタナのクリーンナップを3者連続三振に斬ってとると、９回も三者凡退に抑えてマウンドを後にする。試合開始時の気温は8度という悪条件のなか、これぞエースという投球だった。

「立ち上がりも悪くなかったですけど、どこか変な力みというか、『やってやるぞ』っていう気持ちもあったので。そういったものがどんどん抜けていって、どんどん無駄がなくなっていった感じです」

いつも以上の気合いが投球のバランスを悪くさせるなか、９回まで一人で投げられたのはうまく立て直すことができたからだった。特に先発投手は試合中の「修正能力」が大切になると言われるが、山本には〝帰ってくる場所〟があった。

「ベンチに戻ったら、姿勢とかを修正していました」

捕手でバッテリーを組んだ若月健矢は新聞の取材にそう答えている。山本は具体的にどんなことをして立て直していったのだろうか。

「例えば立っている感覚を確認したり、それでボールが結果的にどうなったかを見たりというのもありますね。抜け球がすごく多かったら、もしかしたら身体が突っ込んでいるのかなとか。そういうのを感じながら、もう1回つくり直すというか、整えるというか。そういう微調整の連続で、少しずつっていう感じです」

もちろん、初めからそうしたことができたわけではない。プロで年月を重ねながら、自分自身とひたすら向き合い、徐々に修正能力が磨かれていった。

「最初のほうは悪いことにも気づけずに4失点したり5失点したりして、試合が終わってから矢田先生のところに来て、『この前はこうだったよね』と言われて、確かにそうだったって気づくことが多かったです。それが徐々に気づけるようになり、2021年のシーズン後半はより早く気づけるようになって、失点する前に直せることも増えましたし。2021年はどんどん上達しているなと感じました」

背中を押してくれた〝予言〟

正しく立つことから始めたBCエクササイズは、山本にとって投手としての土台を支えるものになった。

「今は体操も上手になりました。いいボールをいつも安定的に投げるには、フォームとかの前に、毎日なるべく同じ身体のコンディションをつくれたほうがもちろん安定します。まずは身体があって、次にフォームとかだと思うので。今も完全ではまったくないですけど、前よりだいぶいい状態をつくれるようになってきました。最初は軸と言いますか、そういうのは絶対あったほうがいいかなと思いますね」

当然、最初からうまくできたわけではない。試行錯誤の連続だった。

特にBCエクササイズをピッチングにつなげる作業は、矢田から方向性こそ示されるものの、山本自身が模索した部分だ。

「最初はもちろんうまくいかないというか、ぐちゃぐちゃで投げていました。そこから少しずつ投げられるようになってきて。でも、やっぱり試合が入ってくるので、多少小細工しちゃったりもして。またオフシーズンになって、しっかりフォームを練習して。試合は若干小細工してしまって崩れたり、元のフォームっぽくなってしまったりというのもあって。良くなったり、悪くなったりの繰り返しで、少しずつ良くなっていますね」

小細工というのは、高校時代からプロ1年目までの感覚で投げることだ。本来、自分がやりたい動きではなかったが、試合で結果を残すためにはそうせざるを得なかった。その反省を踏まえ、オフに鍛錬を重ねて現在地へとたどり着いた。

プロ1年目から山本の歩みを最も間近で見守ってきた矢田が、胸の内を想像する。

「最初はだいぶ葛藤があったと思います。僕らは本人に対し、『うちに来てこれをやったら大丈夫』と言いますけど、今までやってきたことと180度違うわけですから」

ウエイトトレーニングを行わず、自身の身体の内側に働きかけていく。しかも、多くのプロ野球選手が数日で音を上げるほどハードで地味なメニューだ。球界の常識とは大きく異なるアプローチで、プロ野球の投手では前例がない挑戦である。

なぜ、山本は自身のやり方を貫くことができたのか。

「矢田先生から、『キャンプに行ったら最初はいろいろ言われると思うけど、大丈夫だから』と言ってもらいました。確かにキャンプではすごく言われたけど、その後、『外から見ていたら、どんどん前の形に戻ってきているように見えてくるけど、中身は変わっているよ』という矢田先生の予言のようなものが次から次へと当たって。予言というか、何て言ったらいいのかわからないですけど、そういうものを信じてやっていたので余計にトレーニングをできました」

マウンドに立つと、結果を残すためにどうしても小手先で投げてしまうこともあるから「前の形」に戻ってきているように見えるが、エクササイズの成果は着実に身体の中に蓄積されている。矢田にかけられた言葉は、山本の背中を押した。

そうしてプロ2年目以降、投手として成長している姿と結果をマウンドで示したが、万事順調だったわけではない。脇腹痛や上半身のコンディション不良などで、毎年のように戦線離脱を強いられた。

プロ野球は結果がすべての世界で、相手打者を打ち取っているときは何も言われない。だが、うまくいかないことがあると、周囲と異なる取り組みが批判の的になった。

「2年目にフォームが変わって、2月なんてすごく周りに言われました。筒香さんはやっていますけど、たぶんプロ野球のピッチャーがやったことがあるトレーニングではないので。例えば、やり投げのトレーニングもすごく反対されましたし。2020年のシーズンにケガしたときも、『ウエイトトレーニングが足りていないからだ』と言われました。2021年シーズンが開幕した頃に調子が悪かったのも、ウエイトトレーニングをやっていないからだと言われたりして。でも結局、シーズンを終えたときにいい成績が出たら、『あいつは何をやっていても活躍しているから』と言われたりもします。そういうなかでもできたのは、矢田先生のトレーニングを毎日積んで、アドバイスをいただいたからだと思います」

周囲の猛反対に遭っても、自分はこうやって生きていこうという「芯」のようなものができた。高卒2年目から台頭し、若くして球界最高峰まで飛躍できたのは、投手として「軸」ができたことが何より大きかった。

道なき道を進むには、揺るぎない信念が不可欠になる。

BCエクササイズは山本にとって投手としての土台になるだけでなく、心の中にも一本の「芯」を通すものになった。

第四章　「何か変」なピッチングフォーム

　２０２０年、世界中を突如包んだ新型コロナウイルスの猛威により、地球上で暮らす人々は未曾有の混乱に陥った。マスクの着用や、人と人が距離をとるくらいしか対策の仕方がなかなか見つからず、日本の野球界も大きな影響を受けた。

　特に犠牲を強いられた世代が高校生だった。同年、日本の文化でもある春夏の甲子園大会は中止の憂き目に遭っている。高校野球はもともと2年5カ月という限られた期間しか活動できず、10代後半という成長真っ盛りの期間が不可抗力で奪い去られる苦しみや悲しみは計り知れないものに感じられた。

　ところが、そんな期間だからこそ自分自身で光を探し出し、明るい未来につなげようとした選手たちも少なからずいた。２０２０年ドラフト6位で履正社高校から楽天に指名された右腕投手の内星龍は、そうして飛躍した一人だった。

「コロナでチームの練習がずっとできなくなり、1日オフになったからこそできることを探して取り組んでいました」

身長190センチ、体重88キロと恵まれた体格を誇る内は、高校3年春まで公式戦に登板したことが一度もなかった。高1の夏は打撃を買われて野手としてベンチ入りし、大会後に新チームになってから中学時代と同じ投手としてプレーし始めた。ところが入学と同時に投手として高校生活を始めたチームメイトとのブランクを埋めようとして焦り、投げ方がわからなくなるほど隘路に迷い込んだ。

そんな状況で参考にしたのが、山本の投げ方だった。

「山本投手は右腕を伸ばして投げるのでアーム投げかと思ってマネしたら、その投げ方では全然投げられなくて。何度も動画を見ていると、肘を結構折りたたんでいることがわかりました。山本投手は身体の軸を絶対にブレさせないんです。その点と、左手の使い方を意識しました。肩をちょっと入れる感じです」

内は以前、背丈の高い大谷やダルビッシュを参考にしていた。それからピッチングの「概念」を変えて山本のフォームを取り入れると、投げやすく感じられた。

内は山本の投げ方を模倣するだけにとどまらず、深層まで追い求めた。山本はどんな練習やトレーニングをしているのだろうか。インターネットで調べてわかったのが、矢田修という人物に教えを受けていることだった。同じ大阪に拠点を構えているという幸運もあり、内はその門をたたいた。

「すごかったです。矢田先生は人間のエネルギーについて、宇宙にたとえて話すんです。最初はびっくりして、ずっと疑っていました（笑）。それがトレーニングをやっていくうちに、虜になっていきました」

急成長した無名投手

高2の冬、矢田に教えてもらうようになった内はブリッジやバー、ボードなどのエクササイズを行いながら、身体の軸や重心を意識し始めた。

エクササイズで身につけた動き方を投球につなげられるようになると、最速130キロ台半ばだったストレートは148キロを計測するまでに成長した。高3春まで公式戦未登板だったが、山本由伸にそっくりな投げ方から150キロ近い球を投げる名門高校の大型投手は一躍、「ドラフト候補」と脚光を浴びるようになった。

コロナ禍が野球界に与えている影響を取材していた私は、2020年8月に甲子園でセンバツの代替大会が開催される直前、履正社高校へ会いに行った。

山本の投げ方を参考にしているという高校生右腕は果たして、どこまで深層を掘り下げてピッチングフォームを構築しているのだろうか。

話を聞いていくと、ブリッジの目的も明確になっていると内は答えた。

「柔らかくすることではない、と?」

私が山本本人から聞いた言葉を投げかけると、内は自身の言葉で語り始めた。

「柔軟性も必要なんですけど、そのトレーニングをやっていく中で、自分で考えていることがどれだけ身体に出てくるかを意識してやっていました。脳と身体が連動する感じをずっと考えていましたね。ブリッジをする際には地面からエネルギーをもらいながら、自分の身体のバランスを一番とりやすい位置を探します。それが軸です。これを見つけるのが難しい。始めてから半年くらい経って、最近ようやく自分のバランスを見つけられるようになりました。それが今、投げることにもつながっています」

驚かされたのは、自分の思考や取り組みがスラスラと口を衝いてきたことだった。だからこそ、無名投手は急成長を果たすことができたのだろう。

もう一つ、予期せぬ内容が内から語られた。矢田の下で行っている取り組みだ。

当時、私はまだ矢田と直接面識がなかったが、瀬野や阪長からいろいろ話を聞いていた。

矢田のアプローチは奥深く、野球界の〝常識〟とかけ離れている。ウエイトトレーニングを一切行わない一方、エクササイズに取り組むことでパフォーマンスに好影響が表れていく。二人が関わる堺ビッグボーイズでは、すでに多くの成果が表れている、と。

同時に聞かされていたのが、矢田の思考は宇宙にまで及ぶくらい「奥深い世界」につながっているということだった。

宇宙の原理と陰陽論

〈世の中は「関係」で成り立っている
目に見えるものも、目に見えないものも関連、協調し合っている
目的を持って動くときも上下、前後、左右、広がる集まるの複合運動
これらすべてをまとめることが大切〉

2022年2月24日、私は矢田に改めて話を聞きに行った。瀬野に初めて紹介されたときや、山本の取材に同席した際にも矢田の世界観は十分に伝わってきたが、もっと深

いところまで覗きたかった。

奇しくもその日は、私にとって43回目の誕生日だった。お昼すぎに矢田の下を訪問すると、手渡されたA4の「解説案」に書かれていたのが冒頭の文章だった。

矢田は、自分が説くことは決して〝わかりやすく〟ないと自覚しているのだろう。面会に訪れる前後、いつも自身の考えを文書にまとめて送ってくれた。

それらは概して、〝わかりにくい〟ものだった。

例を挙げると、日本人初のノーベル賞学者・湯川秀樹の『目に見えないもの』から、古典物理学が相対性理論や量子力学の発見によって〝世界観〟を変化させていったことが「相補性」の観点から書かれた箇所が引用されている。解説案には、矢田自身の言葉でこう書かれていた。


〈量子論が明らかにしたのは自然現象はすべて曖昧であること、そして相反するものが補い合っているということ。

曖昧というのは、刻一刻と移り変わっているということ。

量子論が示す相補性という自然観は、相反する二つの事物が互いに補い合って一つの事物や世界を形成しているという考え方。抽象的ではあるが秩序をもって陰と陽という対立する性質が、相互作用を行うことですべての自然現象が生まれるという陰陽論はまさに量子力学における相補性の概念〉

岡山県の備前ボーイズで監督を務める鈴木が矢田に教えを受けるようになった際、「上があったら下もある、左があったら右もある」という考え方を教えられたと第二章で紹介した。だからこそ、「身体を部分で捉えるのではなく、身体全体で使うという認識になる」と。

これは陰陽論に通じるところだ。

陰陽対立しつつ助け合うというこの東洋思想について、矢田の解説を引用する。

〈森羅万象、宇宙に存在するすべての事柄は、相反する性質の陰陽、二つの相互作用により成り立っている〉

我々の生きる世界が「表と裏」という相反する要素の相互作用で成り立っていることは、誰しも認識しているだろう。特に野球は「表と裏」を繰り返して勝敗を決していく競技だ。こうした発想を深めていくと、湯川秀樹のような世界観までたどり着くのかもしれない。

履正社高校野球部に所属していた内が、矢田と出会った際の言葉を先述した。
「矢田先生は人間のエネルギーについて、宇宙にたとえて話すんです。最初はびっくりして、ずっと疑っていました（笑）」

内はそう冗談めかしたが、極めて一般的な反応だろう。

普段から宇宙を意識して生きている人はなかなかいない。だからこそ、自分にとって馴染みの薄い人が宇宙の観点から物事を掘り下げて語り出したような場合、すぐに受け入れることは難しいはずだ。その際に生まれる疑念や拒絶は、自身を守るためにつくる壁のようなものである。

一方で言えるのが、地球は宇宙の一部であるということだ。

普段はそんなことをなかなか考えないかもしれないが、例えば日常生活を送る都会の喧騒から離れ、南の島で美しい星空をぼんやり眺めていると、自分も宇宙に生きていることを体感できる。今、上空に認識できる自然の光は、はるか彼方から何年も前に放たれたものだ。2022年夏、私は休暇で訪れた与論島でそんなことを感じた。

物事の真相にたどり着くには、「表と裏」から見ることが不可欠になる。矢田が宇宙の観点から話をするのは、深層を掘り下げようとする姿勢に通じている。

山本が獲得した「暗黙知」

もう一つ、矢田の発想の土台にあるのが「暗黙知」だ。

対になる概念として「形式知」や「明示知」があり、文章や数字などによって説明できる知識を意味する。つまり「形」があるものだ。矢田の言葉で表すと、「単に情報として得た〝客観的〟な知識」となる。

対して「暗黙知」は、矢田の言葉を借りると「個人の過去の経験から成り立つ〝主観的〟な知識であり、言語化できない知識のこと」だ。「経験知」と言われることもある。ハンガリー出身の物理化学者・科学哲学者であるマイケル・ポランニーがそう命名し、『暗黙知の次元』で詳しく述べられている。

矢田の解説案を見ると、こう説明されている。

〈技術や理論を身に着ける方法は、動作だけ分解し部分的に捉えるのではなく、全体をとらえ深く感じていくことである。部分的に項目を付け分解し、その部分を意味付けしたり、説明するのは全体の意味を消滅させる〉

こうした発想は、まさにBCエクササイズに通じるものだ。

その根幹を成す「5B」の一つ、「ブレス」がなぜ重要になるのかを山本に質問した際、彼自身の考えを述べた後、「やらないと、わからないことだと思います」と答えた。暗黙知として獲得しているから、言葉で説明するのは難しいのだろう。

記者としては言葉で表してもらわないと伝えられない一方、矢田のスタンスに立つと、〝わかりやすく〟言葉にすることで誤解や齟齬が生まれる場合もある。それでは深層にたどり着くことができない。

だからこそ、「暗黙知」としての理解が重要になるわけだ。

ウエイトに取り組まない「根拠」

なぜ、山本はウエイトトレーニングに取り組まないのだろうか。

それなのに、どうして日本球界トップクラスの速い球を投げることができるのか。

以上の理由を掘り下げるには、ここまで語ってきた前提が必要になる。

野球ファンなら興味深いと思われるテーマを明らかにする第一歩として、矢田の解説案から引用する。

〈ウエイトトレーニングは体性神経優位となり、力みにつながる部分的な作用を鍛え、それを組み合わせてみても絶妙に調整することは不可能
ＢＣエクササイズで自律神経優位となることで、力学や解剖学で一般的に言われている筋肉の作用とは少し異なった作用が生まれてくる〉

身体の各部位に情報を伝達する神経は、脳や脊髄からなる「中枢神経」と、身体全体に細かく張り巡らされた「末梢神経」に分けられる。末梢神経で情報が集められ、中枢神経で処理されるという関係だ。

身体の動きに関わる末梢神経は、「体性神経」と「自律神経」に大きく分けられる。

体性神経は、見る、聞く、味わうなど五感に関わる「知覚神経」と、筋肉を収縮させることで身体を動かす「運動神経」に分類される。

一方、内臓や血管といった〝意識とは無関係に動いている器官〟を制御するのが「自律神経」だ。興奮や緊張しているときに優位になる「交感神経」と、睡眠時などリラックスしている際に優位になる「副交感神経」の2種類がある。

コロナ禍で人々がストレスを溜め込んでいる昨今、日本ではサウナブームの最中だ。私もはまっている一人だが、サウナが心地よい理由は交感神経と副交感神経の関係から説明される場合がある。100度近いサウナ室で蒸され、次に20度を切るほど冷たい水風呂に入ることで交感神経が活発に働き、3つ目のステップとして外気浴でリラックスしている間に副交感神経が優位になる。それが〝整う〟のメカニズムだ。

こうした役割から、交感神経と副交感神経は車の「アクセルとブレーキ」によくたとえられる。

ところが、矢田の見解は異なる。

「僕らの感覚としては、アクセルもブレーキもないんです。すべてが協調し合うような、〝アクセルコントロール〟しかない。ブレーキはないんですね。『相補う』ってそういう意味じゃないですか。

今の一般的な考え方からすると、僕らが言っていることはおかしいと思われるかもわかりません。対して僕らからすると、〝あの人たち〟の言っていることはおかしいと思う。どっちも証拠がとれないものじゃないですか。でも、僕の中では根拠があるんですよね。山本由伸はこう変わっていってるやん？　筒香嘉智はこうやって変わっていってるやん？　他の選手、こうなったら失敗してるやん？　こうなったら成功してるやん？　全部、根拠があるんですよね。それに基づいて、みんなが自分で気づいたことを増やしていると思っていただけるといいです」

「一本の青竹」を強い力でしならせる

山本がプロ入り2年目の春季キャンプで投球フォームを前年から大きく変えた際、まさに矢田が話したようなことが起こった。

オリックスの首脳陣は、野球界の〝常識〟と異なるアプローチに総じて否定的だった。対して、山本が矢田によく話していたというのが次の言葉だった。

「自分ではカッコ良く投げていると思っているんですけど、周りの人は『何か変』って言うんですよね」

〝変〟というのは、今までと違った事象が起きることだ。言い換えると、〝普通〟と比べたときに異なっているということである。

だが、山本は自身の投げ方に〝根拠〟を持っていた。それはウエイトトレーニングを行わない理由にも通じる部分で、独特の投球フォームについて矢田は解説案で次のように表している。

〈肘は曲げようとはしてないが、決して突っ張ってはいない

突っ張ると上半身が開いてしまい、肘が下がるという悪循環を招いてしまう

手や足は使うものではなく使われるもの

それをリードし力を伝えていくのが体幹の深層

体幹の表面を固めるトレーニングは多いが、表面を鍛えても深層は鍛えられない

表面の力みから偏りが生まれ、手や足は思うように動かなくなる

体幹の偏った使い方も手や足の偏りを生み、それに準じた動きしかできなくなる

それなのに手や足の動きを変えようとしても矛盾が生じ、障害につながる〉

この解説を紐解くと、ＢＣエクササイズを通じて自分の重心をコントロールできるようになり、身体の深層を鍛えていく取り組みを「ピッチング」につなげていった際の一つの表現として、山本の投げ方になっているということになる。

前述した発想に立ったとき、「注意が必要な動きの例」を矢田が列挙する。

〈原因→結果→障害部位〉

・タメをつくる→進めない→肩（※筆者注　「進めない」は「並進運動」のこと）

・テイクバックを小さく→進めない→顎周り

・手を速く振る→下半身が止まる→肘、肩

・ヒップファースト→下半身が止まる→腰、股

・腰を切る（回す）→全体性を失う→顎、腰

・前足の膝を曲げる→乗り切れない→肩、肘（※筆者注　並進運動で下半身が前に行った際、上半身が下半身にうまく「乗り切れない」＝「力をうまく伝えられない」）

・肘を使う→進めない→肘

以上の動きは、野球の指導でよく推奨されるものだ。
「タメをつくる」は軸足に体重を乗せることで、日本では〝野球の基本〟とされる。「ヒップファースト」はお尻を捕手方向に向けながら体重移動を行うことで、球速アップにつなげられると言われる。

だが、こうした表現は非常に曖昧で、インターネットで検索すると賛否両論が見つかる。少なくとも自分の投球メカニクスにうまく落とし込めないと、ピッチングの改善につながらない。局所的に意識するあまり、全体のバランスが崩れてしまう恐れもある。

矢田が「注意が必要な動きの例」で挙げたものは、山本は投球動作の中で一切行っていない。だからこそ、周囲から「何か変」と言われるのかもしれない。

前述した動きに注意が必要な理由について、矢田の解説案にはふたつの理由が言及されている。

〈関節を屈曲、伸展など単純な方向に動かそうとすればするほど全体の意味を無くし、関節本来の持つ機能が失われてしまう〉

〈間には時間と空間（距離）が含まれ、それに合わすことに集中すると関節の機械的（てこの原理など）な動かし方の感覚は感じにくくなる。

しかし、そのような感覚が関節本来の持つ機能を最大限に発揮することができる。

投球の場合、ボールが力を受けて手から離れていこうとする際の力の伝わり方は、体幹の深層を中心にして、接地した前足からボールまでが、一本の青竹を強い力でしならせた状態で蓄えられたエネルギーが一気に解き放たれるように、大きな力がボールに伝わることが望ましい〉

山本がピッチングで求めているのは、身体を使って大きな力を生み出しボールにうまく伝えることだ。

そのためにウエイトトレーニングではなくBCエクササイズで自身の「軸」をつくり、独特な投球フォームから「一本の青竹を強い力でしならせる」ように力を放出していく。それが、プロの投手として決して大きくない身体から球界トップレベルの質の高いボールを投げるためのアプローチだ。

山本がウエイトトレーニングを行わず、BCエクササイズに取り組む理由は、力が発現されるまでのメカニズムの違いにもある。

その説明として、矢田が言及するのは「火事場のバカ力」だ。

普段は持ち上げられないほど重量があるものを、火事のような緊急事態になると人間は〝不思議な力〟を発揮して運べるケースがある。それがいわゆる「火事場のバカ力」と言われるものだ。


〈意識的（体性神経優位の状態）ではなく、無意識的（自律神経優位の状態）に体が反応した〉


矢田の解説案にはそう書かれている。普段発揮できる力と火事場のバカ力では、力が発現されるまでのメカニズムが異なるという。

BCエクササイズを通じて求めるのは、後者のように力を発揮することだ。

逆に言えば、ウエイトトレーニングではそうした境地にたどり着くことができないというのが矢田の発想になる。

「体性神経優位で使うことによって、身体はウエイトをしたらまんべんなく鍛えられますよね。でも、まんべんなく鍛えた身体がバランスよく、合理的に動くかと言うと、そうではない。それをやるのは自律神経なんです。じゃあ体性神経ばかり優位の状態で身体を鍛えて、いきなり自律神経のコントロール能力を使えと言われたって、『いや、今まで使ったことがないのにどうやって使うの？』ってなりますよね。だから、そういうところを使っていかないとダメなんですけれども。ウエイトトレーニングで鍛えることはできるし、強い出力を出すことはできますけど、それを絶妙にコントロールすることは不可能なんです。それによって、故障が増えていく……」

現代プロ野球の〝成功例〟

ウエイトトレーニングで鍛えて出力が高まれば、投手は肩や肘により大きな負荷がかかって故障が増えていく。

投手たちの球速アップが目覚ましく進む近年、プロ野球でトミー・ジョン手術に至る例が多い理由の一つとしてそう挙げられる。トミー・ジョン手術は肘の内側側副靭帯再建手術の通称で、特に〝剛腕系〟の投手に起こりやすい。

肘の靭帯は、筋肉と異なり鍛えることができない。身体的な成長が十分でない学童期から投げすぎて肘に過度な負担をかけると、靭帯がゴムのように伸びてしまい、将来的に断裂の原因になりやすい。過度な出力が一度なされただけでも靭帯は切れることがあり、一概に原因を断定できないから成長期は特にデリケートに扱わなければならない。

投手がトミー・ジョン手術で肘にメスを入れると、復帰までに約1年を要する。感覚的に馴染んでくるには2年が必要になると、経験談として話す投手たちが多くいる。

2000年代に阪神タイガースでクローザーとして活躍し、MLBに移籍した藤川球児はその一人だ。シカゴ・カブス在籍時の2013年にトミー・ジョン手術を受けた藤川は2022年5月10日、「スポーツ報知」で対策を論考している。

一般的にメジャーのマウンドは日本より土が硬く、肘への負担が大きいと言われる。それでも日本で硬い土を採用する球場が増えているのは、そのほうが球速アップにつながりやすいからだ。同記事「藤川球児氏が徹底分析 なぜNPBにトミー・ジョン手術増えた？ 実体験に基づく一因と対処法とは」では次のように説明されている。

〈地面が硬いことで、体重移動のエネルギーを移し替える左足の踏ん張りが利く→ステップした左足が固定され、瞬間的に〝ブレーキ〟がかかる↓その反動が下半身から連動する上半身をより本塁方向へ加速させる↓腕を振るスピードが上がる↓一昔前の投手と比較して、球界の全体的な球速アップに表れている〉

速いボールを投げられれば打者を打ち取れる可能性が高まる反面、肩や肘に負担がかかり、故障に至るリスクが高まる。それが現在、日米のプロ野球で起こっていることだ。

では、投手たちはどのように対処すればいいのか。

藤川が〝成功例〟として挙げたのが、山本の投げ方だった。再び記事より引用する。

〈以前は〝腰高〟のフォームは良くないとされたが、彼は重心を落とさない。軸足の右膝を折らずに、ためた力を捕手に向けて一直線に倒していく。だから、左足を踏み込んだ時に生まれるパワーを効率良くボールに伝えられている。体にかかる負担も軽減する。そのフォームは走り込みだけで築いたものではない。彼は「体幹強化を中心に地道なトレーニングに時間を費やす」と話していた。反動に負けないために大きな筋肉でカバーすることも重要で、体の作り方の変化が求められている〉

周囲の多くが「何か変」と表した投げ方は、見方によっては合理的で、「体にかかる負担も軽減する」と言えるのだ。

藤川はこの記事を著す3カ月前、同じ「スポーツ報知」で山本と対談を行っている。その中で山本から語られたのが、やり投げを取り入れる理由だった（2022年2月10日の記事「【オリックス】山本由伸のメジャー挑戦公言に藤川球児氏が『素晴らしい選択』…頂上対談〈下〉」より）。

「あれも一つですが、やり投げの練習をするにしても、体幹に入れた力が抜けないようにしながら、動かさないといけない。だから、自主トレ中だとまずは午前中に体幹の力が抜けない状態を保ったまま、お腹周りの使い方だったり、全身のトレーニングを3時間ぐらいやっています。やりやボールを投げるのは午後からですね」

山本が独特の投球フォームで活躍すると、注目されたのが練習でやり投げを取り入れていることだった。本人が明かしたようにピッチングにつなげるためのトレーニングの一環で、その前段階に位置づけられる「お腹周りの使い方」や「全身のトレーニング」がBCエクササイズのことだ。

やり投げトレーニングの真意

「やり投げなんですけど、やり投げじゃないというか……」

私が2019年シーズン終盤に京セラドームで山本にインタビューした際、〝やり投げの原理〟で投げるようになった理由を尋ねると、第一声でそう発した。

「やり投げをしても、もちろん技術がアップすると思うんですけど、それだけではダメというか。そこまでの準備の過程がいっぱいあったんですよ。その動作をまとめたのが今の投げ方になっているだけで、やり投げを目指してやり投げをやっているわけでもなくて。

よく『（野球の投げ方と）やり投げは違うだろ』と言われるんですけど、やり投げは遠くに投げるのが目的で、そのための教科書はないじゃないですか。野球もそうで、いろんな投げ方の人がいて、みんな『速い球を投げたい』とか、『コントロール良くしたい』と求めている。

『やり投げは違う』と言う人に、自分の中では疑問があります。『やり投げの投げ方はこうだ』という教科書はないのに、『野球とやり投げは違う』というのは、ちょっとよくわからないですね」

山本が指摘するように、人は前例のないものをなかなか受け入れられないものだ。だが、その道の成功者が現れると、後を追いかける者が出てくる。

ピッチングフォームの構築にやり投げを取り入れた山本が活躍すると、球界でも興味を示す者が表れるようになった。

例えば、ソフトバンクからメッツに移籍した千賀はその一人だ。報道によると、普段からやり投げの練習を取り入れているという。

2021年12月、千賀がソフトバンクのチームメイトとともにやり投げ日本代表歴のあるディーン元気、小南拓人、佐藤友佳と都内で自主トレを行った際、私は「スポーツナビ」の取材で話を聞く機会に恵まれた。

「やり投げの練習というか、投げる上でどういうことが必要かとなったときに、野球のボールだけではわからないことがあって。野球のボールは軽すぎるから、ショートスローからピュッと軽く投げたりとか、どんな投げ方でもできます。どんな投げ方でもできるということは、自分のできる範囲のことしかできないとか、決められた枠の中でしかできなくて、自分の能力以上のものを出せる投げ方ではないと思っていて。自分の能力を上げるには、単純にやり投げの投てきのために必要だと科学的に証明されている技術について、もっと知らなくてはいけないと思っています」

千賀が育成契約から日本球界トップまで到達できた裏には、飽くなき探究心がある。彼自身が語るように、やり投げの発想を取り入れる理由はあくまでピッチングの上達につなげるためだ。その点は山本と共通している。

誤解がないように改めて言及しておくと、山本が実際に投げているのはやり投げのやりではない。第二章の最後で書いたように最初はジャベリックスローに取り組み、現在はフレーチャという器具を使っている。こうしたトレーニング法は2010年頃に矢田が大学で指導している頃に取り入れ始めたものだ。

「発想として〝これは野球にいいだろう〟ということではなく、自然の原理に基づいた投球を伝えるには僕が説明するより、ジャベリックスローで探してもらったほうが見つけやすいと思いました」

そうして後に開発されたのがフレーチャだ。ジャベリックスローを改良し、より野球でボールを投げる感覚に近づけた器具と言える。

「ボールを投げる上での一般的な指導が故障を生んでいると言っても決して言いすぎで

はありません。そういうことに気づいてほしいのがフレーチャを開発した一番の目的です。だから、選手の前に指導者が投げてほしい。『あなたが言うてるように投げたら、どうなった?』と。ある指導者はフレーチャをうまく投げられるような投げ方を身につけたら、肘痛が治ったんです。『なんで?』って考えるじゃないですか。そういう経験をしたら、『俺、今まで間違っていた』となって指導が変わる。そうなっていくのが正しい形だと思います」

矢田の意図を汲み取った一人に、中日の左腕投手・小笠原慎之介がいる。「中日スポーツ」の2021年12月21日の記事「『上半身だけでは無理』中日小笠原にオリ山本由伸がくれたヒント…〝上半身と下半身の連動性〟で規定投球回到達」によると、2019年オフに一緒に自主トレを行った際、ジャベリックスローを投げるとまったく飛ばず、「体全体を使わないと投げられない」と小笠原は感じた。上半身と下半身を連動させて投げる重要性を認識し、そうしたトレーニングの成果もあって2021年には自身初の規定投球回数に到達している。

中学までしか野球経験がない私も、フレーチャを投げてみると小笠原とまったく同じ感想を抱いた。腕の力で投げようとするとうまく飛んでいかないが、プロスペクト社の営業担当者から〝全身を一つにつなげて投げるイメージ〟や上半身と下半身を連動させる投げ方を教えてもらうと、真っすぐに飛んで飛距離も伸びるようになった。

逆に言うと、山本がやり投げを取り入れる目的は身体全体を使って投げる感覚を養うためであり、その前段階としてBCエクササイズがあるという。

「例えば『やりを乗せる感覚』って言われてもピンと来ない人もいると思うんですけど、そういった感覚を養うとか。やりを乗せるためには何が必要かとか、そういった感覚の練習はありますね。ただやりを投げても多少は良くなると思いますけど、やり投げだけをしてピッチングが良くなることでもないですし。正しくやらないと、効果も最大限には出ないと思います」

調整能力を養うハンマー投げ

BCエクササイズの延長線上には、やり投げに加えて他の器具を使ったメニューもある。

「ハンマー投げトレ初披露！　オリックス・山本『やっとバレた』」

「サンスポ」電子版が2021年2月1日、つまり同年の春季キャンプ初日にこう題した記事を配信した。山本は4キロの重りがついたハンマー投げの器具を約3年前から使っていて、初めて報道陣に気づかれたという内容だった。

約3年前の2018年は、ちょうど山本が矢田の下で自主トレを行い始めたタイミングだ。陸上競技専門メーカーのニシ・スポーツがイタリアからこの器具を輸入し、矢田は「何か使えそうや」と購入した。現在は発売中止になっている。

4キロの重りがついたハンマーを持ち、下から上に回す。身体は正面を向いたまま、右回転なら右、左回転なら左にステップしながら移動していく。この器具を使ったトレーニングの目的について矢田が説明する。

「筋トレではなく、調整能力を養うためなんです。この4キロの重りをどうやって操りましょうかということではなく、『これは僕の身体の一部なんです』と思えるように取り組んでいく」

ハンマー投げの器具を使いながら、体重移動の中で重心がブレないような身体の使い方を身につけていくのだ。

驚かされることに、山本は次の遠投に移る前、このハンマーを軽々と放り投げるという。

「普通の選手は投げないですよね。山本君は恐怖心も何もない。いかに、肘を無駄に使っていないかということです」

矢田が言うように、肘の力に頼ってハンマーを投げたら靭帯がブチッと切れるだろう。身体全体を使っているから、重い器具を投げられるわけだ。

遠投とピッチングの本質

自主トレの期間は午前中、まずは室内でBCエクササイズを3時間ほどかけて行う。限られたスペースで6、7人が異なるメニューに取り組むため、ぶつかってケガをしないように集中力が求められるという。

食事をサッと済ますと、グラウンドに移動して午後のメニューへ。横走りやバウンディングなど、「次の投球動作につながる上での確認事項」が組み込まれたランメニューを短時間で実施する。バウンディングはその名のとおり、着地した足の反動を利用しながらストライドを伸ばしてなるべく大きく前に飛び続ける動作のことだ。

ここまでは筒香や他の選手と一緒に行い、以降は投手と野手に分かれてそれぞれ必要なメニューに取り組んでいく。

ピッチングの練習で特に重視して行っているのが、遠投だ。

英語で「ロングトス」と言われるように長い距離を投げていく遠投は、練習法として賛否両論がある。

プロ野球では試合直前、例えば涌井秀章（中日）や田中将大（楽天）のように遠投で調整している投手も珍しくない。

一方、身体の使い方がキャッチボールやピッチング時とは異なるので、遠投には注意が必要だという指摘もある。とりわけ成長期の子どもに対して言われることだ。

「僕の個人的な意見ですよ」

矢田はそう断ると、「遠投をやめるなら、野球をやめろと思います」と言い切った。

「遠投を毎回力任せでやらせるのは問題です。でも、物事のやり方を見つけて自分の能力を高めるには遠投は一番いいと思います。ケガもしにくい。一番ケガをしやすいのはブルペンです。ブルペンで投げれば投げるほど故障は増える。遠投をすれば全身疲労は出ますけど、それで故障につながるのはそもそもの取り組み方が間違っているわけです。つまり、方法論ですよね。遠投で故障するのはそもそも投げるっていうことをわかってへん人で、そういう人にいきなり『遠投せえ』とは言いません。わかっている人には勧めます」

投げるという動作は、身体をどのように使って行えばいいのか。遠投はそれを理解する上で適した練習法だと矢田は考えている。

やり投げに取り組む目的も根本は同じで、投げるという動作の本質をつかむために行う。結果、マウンドに立ったときに発揮される力が変わってくる。

周囲が行わないような〝変わった〟練習法には否定的な目を向けられることもあるが、大事なのは本人が明確な目的を持って取り組んでいるかどうかだ。

要領の良さと、不安への弱さ

毎年3月末から半年かけて実施されるペナントレース、そしてポストシーズンの激闘が終わると、プロ野球選手は翌年2月1日に迎える春季キャンプまで〝シーズンオフ〟を迎える。公式戦の期間は試合に追われて調整が中心になるため、チームから離れる冬の2カ月をどう使うかが選手としてどれだけ成長できるかを大きく左右する。

山本はプロ入り1年目から、午前中は3時間ほどかけてBCエクササイズを集中的に行い、午後はグラウンドでランニング系のメニューや、やり投げ、ハンマー投げ、遠投などに取り組んできた。地道な鍛錬を繰り返し、プロ入り5年目に沢村賞を獲得した。

「同じことをずっとやっている。継続力がすごい。信念を持ってやっている」

2019年オフに一緒に自主トレを行った際の中日の小笠原のコメントが、前述の「中日スポーツ」記事（2021年12月21日）で紹介された。

「積み重ねで、自分の軸ができていきました」

山本に改めて訊くとサラッと答えたが、〝自分の軸〟はそんなに簡単につくれるものではないだろう。

私が思わず疑問を口にすると、隣で聞いていた矢田が言った。

「それこそ、簡単につくれるわけがないっていう話じゃないですか。本人は呑気そうに言っているけど、朝から晩までやっていますからね。普通の人の想像を絶するくらいにやり切っているから、自分の中で軸ができるんです」

午前中に室内の限られたスペースで行われるエクササイズはハードな内容で、自主トレにやって来たプロ野球選手の中には「無理です」と帰っていく者も珍しくないという。

午後になると、雪が降って氷点下まで冷え込んだ日でもグラウンドで遠投を何十回と繰り返していく。

「普通に歩いても滑るくらい雪が積もっている中で、遠投をガンガンしているんです。そこまでやり切っているから、『積み重ねです』と気楽な顔で言える。自分に責任を持って、やり切ったからです」

矢田は厳しい自主トレの日々を振り返ると、柔和な笑みを浮かべた。

筒香やその他のプロ野球選手、陸上選手にもアドバイスを送ってきた矢田から見て、山本の一番の才能はどこにあると感じているのだろうか。

「要領いいです。僕と同じＡＢ型なんですよ（笑）」

矢田はそう言うと、山本の〝要領の良さ〟について説明した。

「要領いいというのは裏を返すと、不安に弱いんですよ。不安に弱いから、納得できるもので安心が欲しい。自分の思う通りに事が運んだとき、自信になるじゃないですか。彼は決して頑固でもないし。逆に言ったら、本当に緩いほうやと思うんですね。でも不安には弱いから、安心できることを自分でやりたい。逆説的な言い方になるかもわかりませんけど、安心できるものを自分で落ち着いてやりたいから、不安を感じるものは早く切りたい。でも、決してわがままを通したいというタイプではないんですよね」

高卒２年目の山本は独特な投球フォームで投げ始めたとき、周囲の猛反対に遭っても自分のやり方を貫いた。ウエイトトレーニングで出力を高めようとしているチームメイトを尻目に、独自のエクササイズで身体の内側をつくっている。

特に若手のプロ野球選手が自分の道を進み続けるのは、決して簡単なことではない。まだ実績のない選手は、上からあれこれ指示を受ける世界である。

それでも信念を持って努力を積み重ねていけるのは、何より秀でた才能と言えるだろう。

あどけなさの正体

プロ入り2年目の春季キャンプに山本を送り出す際、矢田は「不安」しかなかったと振り返る。その先の世界はすべてチームの管理下にあり、自分にはどうしてやることもできないからだ。

「チームがいい、悪いということではないんです。人は自分の世界しか見ていないと、それ以外の世界が存在することはわからないじゃないですか。それ以外の世界から見ると『あれ?』と思っても、自分の世界の中から見るとそれは受け入れがたいものになる。別に野球の世界だけではなく、仕事でも何でもそうじゃないですか。そういう部分が受け入れられるようになるには時間がかかると思うんですね。ただ結果を出したらいいものではないじゃないですか。結果を出すのは大事なことやけど、結果を出すに当たって、その子がどういう成長を遂げたか。その子が周りにどういう影響を与えたかまで大事になってくる。僕らはそこまで考えるから、キャンプに送り出すときは全員不安です」

普遍の事実として、世の中には陰と陽がある。上と下があれば、右と左がある。そうして宇宙は相互作用から成り立っているが、一つの世界に閉じこもっていると、どうしても片側しか見えなくなる。

だからこそ矢田は宇宙の原理から、機を見て選手や指導者に話していく。

「真剣に取り組もうとした人には最初から伝えます。特に選手に対してどう伝えるかを考えるのは、好奇心ですよね。わくわく感です。選手の保護者、あるいは指導者に対しては、視野を広げてもらう。『あなたも知らない世界があるんです』と」

プロ入り1年目にエクササイズを始めた山本は、やればやるほど「夢中」になったと振り返る。それがまさにわくわく感だ。

どんどん成長していく山本の姿を見ながら、矢田は自身が間違っていたことに気づいた。最初に門をたたいてきたとき、山本に抱いた印象についてだ。

「簡単に『やります』と言うけど、まだあどけない少年が大丈夫かな？　筒香君と同じように厳しさに耐えていけるだろうか」

あどけなさの正体は、矢田が当初考えたものとは異なっていた。

「山本君が『やります』と言いながら、僕が『大丈夫かな？』とあどけなさを感じたのは彼の童心だと思うんです。それをあどけなさと感じたのは僕の見方が間違っていたんですね。軽いノリやし、緩いし（笑）。言葉尻を捉えるわけではないですけども、童心の中には自由な発想があったり、夢を見失わないとか、自分で創意工夫するとかが含まれるじゃないですか。彼はそういうものを持っていたので、今がある。これからもそれを持ち続けてほしい」

鈴木や瀬野が運んできた縁を介し、矢田はプロ入り直後から山本との関係ができた。

「僕は運しか持っていないです」

山本がそう口にするたび、運に選んでもらえるだけの努力を重ねていると矢田は感じている。

プロ入りからたった5年で球界の頂点までたどり着いた原動力は、生粋の野球少年が今も持ち続けている童心だった。

第五章　世界に類を見ないピッチャー

全国に現在、山本由伸の投球フォームをマネする野球少年・少女がたくさんいる。

２０２２年夏の甲子園に宮崎県代表として出場した富島高校の右腕投手、日高暖己は山本の投げ方を参考にしてから球のスピードもコントロールも一気に高まったという。その日高は、同年のドラフト５位で奇しくも山本の所属するオリックスに指名された。

履正社高校から楽天に入団した内のように、人生が変わった者まで存在する。

一方、山本の投球フォームを模倣したことにより、故障につながるケースもあったとオリックスのスカウトを務める山口やトレーナーの高島は見聞きしている。山本は独特な投げ方に至るまでにエクササイズなど多くの準備を積んでおり、表面上だけマネするのはプラスに働かない場合もあるのだろう。

プロの投手がマネをされるのは、実力と人気の証だ。憧れを抱いて試してみる場合もあれば、特徴的なフォームを参考にするケースもある。

山本は自身をマネする野球少年・少女が全国に多くいることをどう考えているのか。

「僕も高校生のとき、人のマネをして良くなったこともあります。もちろん、マネをするのはすごくいいことだと思います。でも、例えば自分がマネしている選手はなんでこういう足の上げ方をしているのかとか、もっと奥に本当の理由があると思います。そこを理解できたときに、本当に良くなるかなと思いますね」

右腕を大きく後ろに引いたようなテイクバックから投げる狙いは何か。やり投げやブリッジといった独特の練習法には、どのような目的が潜んでいるのか。山本自身は「日本最高の投手」と言われる現在地にたどり着くまで、じっくり時間をかけながら努力を積み重ねてきた。

ここまでの歩みを振り返ると、決して順風満帆だったわけではない。

都城高校時代は2年時秋に球速151キロを計測してドラフト候補に挙げられたものの、甲子園にはたどり着けなかった。度重なる右肘の痛みにも悩まされている。

オリックスに入団した1年目から一軍のマウンドに立ったが、投げるたびに右肘に張りが出た。2年目以降も、毎年コンディション不良で戦線離脱を強いられている。

プロ入りから5年を要し、2021年、ようやくフルシーズンを投げられるようになった。本人からすれば、そうした気持ちのほうがはるかに強い。

「僕も良くなるまで、最初は何年もかかりました。そんなにすぐに成果が出るものなんて、本当にいいものではないと思いますし。だから、本当に練習を積み重ねるしかないし、しっかり野球のことを考えるしかないと思います」

選手として最も大切なのは、自分の「軸」になるものを築き上げることだ。

山本の土台にあるのは、プロ入り1年目に出合ったBCエクササイズだ。

直感で自分に合っていると判断し、地道な鍛錬を続け、その真髄を投球フォームにも取り入れた。

そうして磨き上げた投げ方は、プロ2年目の春季キャンプで周囲の猛反対を受けた。

それでもなぜ、自分のやり方をブレずに貫けたのだろうか。

「チームのトレーナーの中にはすごく否定的な人もいて、いろいろ言われて正直『うざいな』って思いました。それで矢田先生のところに来て、『チームでこう言われたんですけど、どう思いますか？』って聞いて、矢田先生に説明してもらって、『やっぱりそうなんだ』って納得して。そういうことが何回も連続であったという感じですね」

自分の中心を走る軸は、そう簡単にでき上がるものではない。じっくり時間をかけて積み上げてきたものだからこそ、でき上がったときには支えになる。

今は雑音にも揺るぎにくくなり、批判にも耳を傾けられるようになった。

「自分を否定してくるからと言って、ダメなことばかり言われるわけでもないですしね。たまに僕に対してすごく否定してくる人の中にも、『これ、めっちゃいいこと言っている』とか、『あっ、じつは矢田先生と一緒のことを言っているな』って感じることもあります。人が言ってくること全部を否定して聞くのは良くないし、信じすぎるのも良くない。何事も決め付けは良くないと思うので。やっぱり聞くことは大事だし、それを自分でしっかり見極めないといけない。見極める基準がしっかり決まっていれば、いい方向に行くかなと思います」

地球の裏側で見た「野球の原点」

プロになってできた「軸」に加え、山本を根底で支えるものがもう一つある。

野球を心の底から楽しんでプレーする姿勢だ。

チームの勝敗を背負ってマウンドに登り、必死に挑んでくる打者と真剣勝負を繰り返すなか、山本は童心に返ったような表情を見せることがある。そうやってプレーする姿勢は、幼少の頃から培われてきたものだ。

小学1年生の頃に野球を始めて入った伊部パワフルズ、中学で加入した東岡山ボーイズ、越境入学した宮崎県の都城高校の指導者には共通する理念があった。

「小学校のコーチたちは、とにかく野球の楽しさを教えようというテーマで指導してくれました。中学生の頃のコーチは、楽しさの中に真剣勝負の難しさや厳しさを一つのテーマにしていたみたいです。高校の監督はとにかく厳しかったけど、怒られたときには『野球を始めた原点は楽しいという気持ちだぞ』って何回もしつこいくらい言われたので、厳しさの中に楽しさを忘れずできたのかなと思います」

オリックス入団後も、野球の原点に触れる機会があった。

プロ入り2シーズン目を終えた2018年12月、中南米のドミニカ共和国で約1週間すごした体験はとりわけ大きな財産になった。

2013年の第3回ワールド・ベースボール・クラシック（WBC）を制したドミニカはメジャーリーグに最も多くの外国人選手を送り込み、「野球大国」として名を馳せている。日本やアメリカ球界がシーズンオフになる冬の数カ月、常夏の当地では「ウィンターリーグ」というプロ野球のリーグ戦が開催され、故郷のファンに勇姿を見せたい現役メジャーリーガーや翌シーズンの契約を懸けた選手たちが集まってくる。メジャーにも決して劣らないほどレベルが高く、ラテンの観客たちを熱狂させている。

山本が2018年途中にトレードでオリックスへ移籍してきた高城と一緒に現地を訪れることに決めたきっかけの一つは、3年前の2015年、筒香がドミニカのウィンターリーグでプレーした際に通訳を務めた阪長から誘われたことだった。

阪長は新潟明訓高校時代に甲子園に出場、立教大学では野球部の主将を務めた。卒業後は大手旅行会社に勤務した後、青年海外協力隊で中南米に駐在した間にドミニカやラテン諸国の野球を肌で学んだ。

帰国後は山本も2021年シーズン途中まで用具契約していたアイピーセレクトというブランドの販売代理店プロスペクトの社員として働きながら、世界で活躍する人材を育てるドミニカ野球の秘訣を日本で伝えている。

「ウィンターリーグは真剣勝負の舞台ですが、選手たちには『ここで打てなかったらどうしよう』という悲壮感がまったくないんです。とにかくポジティブなマインドで、すべてを出し切ろうとする。結果が良くても悪くても、切り替えて次のプレーに向かっていく。野球自体はすごく高いレベルにありながら、そういう姿勢で真剣勝負を繰り返しているんです」

首都サントドミンゴに本拠を構える名門球団レオネス・デル・エスコヒードに所属した筒香は、ラティーノたちとプレーしたことで好影響が表れた。

「早く次の打席が回ってきてほしい。とにかく次の打席が楽しみでしょうがない」

ベンチで戦況を見守りながら、筒香は阪長にそんなセリフを繰り返した。ＤｅＮＡでプレーしているときは、早く自分の打順が回ってきてほしいと思うことはなかったという。自然と前のめりになる筒香を目の当たりにしながら、阪長はドミニカから好選手が次々と台頭してくる背景を改めて感じた。

「そういう気持ちを知るのは選手としてすごく大事なのではと思いました。向こうの監督は試合中も前向きな言葉しかかけないし、信頼していることを言葉だけでなく身体でも表してくれます。通訳の僕に対しても、試合前でも気さくに話しかけてリラックスさせてくれました。勝ちたいからこそ、監督、コーチ、フロントが一体となり、チームのみんなをいい状態で試合に臨ませようとするんです」

スポーツの本当の良さ

試合で絶対に勝ちたいから、選手たちが勝負に前向きに臨めるような雰囲気をみんなでつくり上げていく。ラテンの大男たちが夢中で真剣勝負を繰り返す様子は、スポーツの原点と言えるものだった。

「せっかく日本から来ているなら、一緒に練習しよう」

エスコヒードの面々は、地球の裏側からやって来た山本たちを誘ってくれた。公式戦を控えたグラウンドで、2013年のWBCで優勝を果たした際にクローザーを務めたフェルナンド・ロドニー（現ディアブロス・ロホス・デル・メヒコ）らとキャッチボールを行った。

メジャーリーグで300セーブ以上を記録し、40歳を超えて現役で投げ続ける剛腕投手は通訳の阪長を通じて山本に語りかけた。

「今日は何を投げても打たれてしまう、というときもある。その一方で今日は何を投げても打たれないと、自信を持って投げられる日もある。そうしたふたつの日があるのは、自分でもなぜだかわからない。いずれにせよ、野球は何年やってもわからないものだ。だからこそ僕は野球を続けている」

ドミニカの伝説的な投手は、率直な思いを明かした。ゴールがないから野球を続けているのだ、と。

ファン・バロンという人口5000人ほどの村にあるグラウンドを訪れた際には、サンティアゴ・カシーヤ（元サンフランシスコ・ジャイアンツ）やペドロ・ストロップ（元シカゴ・カブス）というWBC優勝投手陣と野球談義に花を咲かせた。

地元の英雄である彼らの周りには自然と子どもたちが集まってきて、一緒にボールを投げて遊び始めた。メジャーリーガーになっても決して偉ぶらず、むしろ同郷の仲間として語らうような人間関係がドミニカでは普通だった。

人と人の輪に山本も迎え入れられ、改めて感じたことがたくさんあった。

「向こうの人は純粋というか、すごく心がきれいというか、素直というか、自然というか。日本を悪く言うわけではないですけど、野球に取り組む姿勢も違いました。みんな、もともとスポーツって楽しくて始めたはずなのに、日本では指導者の大人が勝つことを求めすぎたり、息子さんの活躍を求めすぎたりして、本当は『楽しい』という気持ちでやるべきところを違うものが占めているというか。例えば大人の『勝ちたい』という、純粋な子どもにとって邪魔な要素が加わりすぎていると思います」

試合を迎えたとき、心の底から勝ちたいと願うのは日本人もドミニカ人も変わらない。その上で大切なのは、どうやって勝利を目指していくのかだ。スポーツマンシップと言われるようなものである。

山本がドミニカを訪れたのは、ちょうど20歳になった年だった。日本で野球を続けるにつれ自然と薄まっていた感情を、地球の裏側で取り戻すことができた。

「ドミニカに行くと、スポーツの本当の良さというか、自分が野球を初めて好きになったときの気持ちをすごく思い出させてくれました。向こうの人は逆に、その気持ちだけでやっているので、自然と『野球がうまくなりたい』という気持ちがすごくて。ドミニカの小学生とスポーツ広場みたいなところで野球をしたんですけど、勢いが違うというか、みんな、本当に野球をやりたいという気持ちがすごく伝わってきて。本当に大事なものが、全部あそこにあったというか。

自分は日本の環境で育ってきて、忘れていたものがありました。自分自身も周りの環境で徐々に変わっていくものなので。それで自然と忘れていたものや、自分が気づいていなかったことも含めてドミニカが思い出させてくれたというか。『これやな』と、ピンと来ました」

不安と野心

自身初の開幕投手を務めた2021年、山本は歓喜の輪の中心にいた。

最多勝、最優秀防御率、最高勝率、最多奪三振と先発投手の個人タイトルを総なめにし、オリックスが四半世紀ぶりのリーグ優勝を成し遂げる立役者となった。

「チームは25年優勝していなかったので、25年できていなかったことをできた喜びはすごく大きかったですね。オリックスに入ったから今まで大きなケガなく来られているのもすごくあるので、そういった部分での感謝がすごく大きいです」

23歳で沢村賞を獲得、いわば投手として頂点にたどり着いた格好だ。

それでも、特別な感慨は「何もない」と言い切る。

「いい成績を出せて、自分のトレーニングが間違っていないことの多少の証明にはなりましたけど、そうは言っても中継ぎを含めて4年できただけなので。ここから先、15年間、20年間と野球をやっている人もいるので。自分が40歳になっても一番動けている姿を見せられるとか、バリバリ投げられている身体をもし維持できていたら、それが一番の証明になると思うので。別に僕を否定してきた人にどうこう思うことはないですけど、そのときに気付かせることができたらいいと思います」

栄光のプロ5年目が終わり、2022年シーズンも同じような輝きを放った。開幕戦で勝利を飾ると、最多勝（15勝5敗）、最優秀防御率（1・68）、最高勝率（7割5分）、最多奪三振（205）を史上初の2年続けて獲得、沢村賞と最優秀選手にも選ばれた。日本シリーズでは初戦で先発して左脇腹のアクシデントを発生させたものの、チームは26年ぶりの日本一を達成している。

投球内容に目を向けると、対戦相手が何とか打ち崩そうと対策を練ってくるなか、9安打を打たれながらも135球を投げて敵地で完投勝利を飾った8月19日の西武戦のように、決して本調子でないながらもピンチを凌いでいく姿は前年とはまた違った凄みを深めているように感じられる。好調時には手をつけられず、6月18日の西武戦では自身初のノーヒットノーランを達成した。

山本を前に駆り立てるのは、相反する心情だ。

2021年シーズンオフは春季キャンプ直前まで契約更改の日取りさえ決められないほど多忙だったが、トレーニング時間だけは削らなかった。自身の現状に対し、常に不安を抱いているからだ。

「まず練習をやらないとケガもしちゃうし、打たれるし。やらないとヤバいなって、何か自分が焦るというか。目標もいっぱいあるから、何年後にこうなりたいとか考えていると、今の自分は大丈夫かなってすごく焦るときもあるし。そうなると、練習をいっぱいやらないとヤバいよって思いますね」

不安に弱いと自覚しているから、安心を得るために努力する。矢田の表現を借りれば、それが山本の「要領の良さ」と言える。その成果が2022年の好成績となって表れた。

もう一つの原動力は、投手としての野心だ。大きな目標があるから、ハードな練習にも取り組み続けることができる。

「なかには自分の嫌いな練習もたくさんあるじゃないですか。でも、それが野球でいいパフォーマンスをするためだったら、別に苦ではないし。やらなければならないことなので、苦しいと感じることはあまりないですね。我慢というわけではないけど、目標があるからできていることもたくさんあると思います」

見据える「世界基準」

世界に類を見ないピッチャーになりたい——。

2022年の春季キャンプが始まる5日前の契約更改で、将来的なメジャーリーグ挑戦を直訴した背景にはそうした野心が秘められている。

世界に類を見ないピッチャーになるためには、当然、世界基準で物事を考えなければならない。

プロ入り1年目の4月に初めて会ったときから、山本はそうした発想を持っていたと矢田が証言する。

「もちろん今とはレベルが違いましたけど、見ているところには『世界で一番のピッチャー』がありました。だから、そういう基準で話が進んでいきましたよね。今の活躍にそれほど喜ばないのもそんな理由なんです。日本一やメジャーというのは、目指す過程にあるものなので」

世界に類を見ないピッチャーになるために目指しているのは、誰も投げたことがないボールを放ることだ。

実際、山本が投じる球種はどれも独特の色が表れている。

例えば、140キロ台後半を計測するフォークだ。

「もともと矢田先生と『150キロのフォークを投げよう』と言っていて、投げられるようになったボールが今のフォークです」

　2022年4月2日の北海道日本ハムファイターズ戦で2回二死、6番レナート・ヌニエスに初球で投じたフォークは151キロを計測した。ストレートと同じような軌道で発射され、打者の手元でまさしく消えるようにストーンと落ち、バットは空を斬った。

「151キロのフォーク、打てるかー。初めて見た」

　相手チームを率いるBIGBOSSこと新庄剛志監督がそう言い放ったほどだった（同日の日刊スポーツ電子版記事「【日本ハム】新庄ビッグボス『151キロのフォーク、打てるかー』山本由伸に0封負け／一問一答」より）。

　元メジャーリーガーの相手監督が「初めて見た」と言うようなフォークを投げるために、山本には意識していることがある。

「150キロのフォークを目指したというより、ちゃんと力を伝える方向が合った結果として150キロが出て、ちゃんと落差もある程度あってというのが狙いです。150キロのフォークが投げられるようになったのは、正しく投げたからだと思います」

　正しく投げるというのは、自身の身体をうまく動かし、ホーム方向に対して力を真っすぐに伝えるということだ。結果、スピードと強さを備えた151キロのフォークが投げられた。

140キロ台後半で変化するカットボールも独特の軌道だ。

多くの日本人投手は「高速スライダー」というようにカットボールにも一定の変化量を求める傾向にあるが、山本が投げるのはまさに英語で「Cut fastball」と言われるような球種だ。ストレートと同程度のスピードを維持したまま、打者の手元で鋭く横方向に曲がっていく。

このカットボールの秘密について、私はたまたま知ることになった。

2019年に京セラドームでインタビューした際、肘への負担を考慮して、「今スライダーを投げるより、カットボールにしたほうが長く活躍できるという考え方の若手投手を見たことがない」と話を振ると、山本はカットボールについて語り出した。

「しかもそのカットボールも、たぶん投げ方としては全然一般的ではなくて。どう投げているかは言わないですけど。一般的なカットだと前でヒュッてひねるんですけど、それではなくて。そのカットボールより、負担がかからない投げ方を練習しています。今でも本当に求めているカットボールではないので、自由自在にボールが操れるようになりたいです」

説明を聞きながら思い出したのが、西武の山川穂高が話していた内容だ。

「見たことないカットボール。真っすぐに見える。腕の振りもいい。初対戦で、いいところに決まったら、打つのは難しい」

2018年5月1日に初めて対戦した際のコメントが、同日配信の「スポーツ報知」電子版で紹介されていた（「【西武】山川、オリ山本に脱帽『見たことないカットボール…』」より）。

山本がカットボールをどうやって投げているのかを知りたくて、山川の「見たことない」という発言を咄嗟に繰り返すと、煙に巻きながらもヒントをくれた。

「一つ言えるなら、あまり手で曲げてないです」

この一言は、後から振り返れば重要なポイントだった。

「『どうやって投げているの？』とよく聞かれるんですけど、『ここをこうして』と教えてあげたとしても、その人の身体ではできなくて。自分の感覚だし、自分がここまでやってきた動作の練習があります。基本的な動作に見えて、その積み重ねが本当に大事で、それで少しいいカットを投げられるようになったという感じです」

〝強い球〟を投げられる理由

山本が投げる各球種は、手先ではなく、身体全体で投げているから独特な特徴が表れている。

そうした動きをつくり上げるのがBCエクササイズだ。その前段階がないと、握りやリリースの仕方を聞いただけではプロの投手が投げても同じような変化にはならないのだろう。

独特な軌道を考える上でもう一つのポイントは、「変化球」を概念から見直す必要があることだ。

一般的に投手たちが投げる球種は「ストレート」と「変化球」に大別されるが、その境界線はじつは曖昧だ。カットボールは英語で「Cut fastball」が正式名称だと先述したが、同じくツーシームは「Two-seam fastball」で、スプリット＝フォークは「Split-finger fastball」となる。つまり、すべてファストボール＝速球を派生させた球種と言えるのだ。

ストレートは日本語で「真っすぐ」や「直球」と訳されるが、英語では「Four-seam fastball」と言われる。ラプソードやトラックマンなど弾道を追跡するテクノロジーの誕生もあって判明してきたのが、基本的にストレートにはシュート成分とホップ成分が含まれるということだ。見方によっては、ストレートも変化球だと言える。

「山本のストレートはきれいな回転で、まったくシュート回転していませんね」

テレビ中継でそう解説した評論家もいたが、半分正解で半分間違いだ。確かにきれいなバックスピンがかかっている一方、京セラドームの天井から映されたカメラでボールの軌道を見ると、シュート回転しながらキャッチャーミットに吸い込まれていることが明らかにわかる。

つまり、ストレートも変化球と言えるわけだ。

こうした考え方を踏まえ、2022年の春季キャンプ直前に取材した際、改めて山本にカットボールの秘密を尋ねた。

一般的なカットボールの握り方として、ストレートから人差し指と中指を1本分ずつ左にずらしてジャイロ回転を加える方法がある。縫い目がずれることで、ストレートと同じように投げればバックスピンにジャイロ回転という進行方向に向かって螺旋状の回転が少し加わり、打者の手元で急に曲がるような軌道になるのだ。

「なんかあるんですよ。ハハハハハ」

山本に訊くと、そうかわされた。握り方自体は「ストレートと同じ」と言うので、おそらくリリースの瞬間に人差し指と中指で変化をつけているのかもしれない。リリース時のジェスチャーを見ると、そんな感じにも想像できた。

カットボールやフォーク、チェンジアップがストレートのような軌道から打者の手元で鋭く曲がる理由は、ボールへの力の伝え方に関係がある。そう解説するのは、先述したアメリカの独立リーグでプレーする右腕投手の赤沼だ。

大学時代からアメリカでプレーしながらMLB球団との契約を目指す赤沼は、日米の大きな違いは変化球の〝強弱〟にあると説明する。

「一般論として、アメリカの選手は変化球が〝強い〟です。日本の選手は〝弱い〟。その違いは投げるときに肘を抜いているか、抜かないかという話です。特に日本では肘を抜いて真っすぐを投げる人が多いじゃないですか。でも、山本由伸投手の球は強いですよね。特にカットが強い。あの人は身体全体を使って投げるじゃないですか。変化球も基本的にストレートと同じ投げ方で、リリースの仕方を変えているだけなんですよ」

メジャーの投手は変化球が〝強い〟というのは、筒香も話していたことだ。

ボールの〝強弱〟は科学的に解明されているわけではないが、選手たちは対戦する中で確実に感じていて、プロ野球中継でも解説者がよく口にする。

赤沼が言うように、ボールの〝強弱〟は身体をどのように使って力を伝達するのか、さらに握り方にも関係がある。浅く握ってボールの手前側を指でたたいてリリースするのか、あるいは深く握ってボールの奥をたたくようなイメージで投げるのか。前者なら〝弱く〟、後者なら〝強く〟なる。それが赤沼の説明だった。

「例えば指に物を引っ掛けて放るときに、浅くは握らないですよね。深く握るから遠心力でパーンて投げられる。ボールの手前をたたいたら、変化が緩くなって〝スカスカ〟になります。だからアメリカのピッチャーは深く握って奥をたたく。ストレートも変化球でも同じことです。リリース時の手首の角度が違うだけですね」

赤沼は立命館高校時代、ボールの手前をたたいていた。指先で器用に変化をかけようとしていた一方、球は弱かった。アメリカに渡り、そうした球質では屈強な打者たちに通用しないことがわかった。そこで徹底したのがウエイトトレーニングでパワーアップを図り、身体動作の感覚を高めることだった。

「もともと僕は胸郭の動きが悪かったので、腕を動かすしかありませんでした。でも胸郭が動けば、スポンと身体全体で投げられるので別に腕は動かす必要がない。ごちゃごちゃ腕で投げるから、ボールが指に引っかかるわけです」

「常識外れ」の変化球

ピッチングは、腕の力に頼って行うわけではない。身体全体を使って力を生み出し、それを腕や指でボールにうまく伝えていく。結果、強い球を投げることができる。

山本が投げる各球種には、そうした特徴が見て取れる。

彼にカットボールの質問を改めてした際の反応を前述したが、直後、矢田が助け船を出してくれた。

「明らかに言えることは、ボールは勢いがないと変化しないです。曲げようと思っても曲がらないんです。だから彼のボールは勢いがあることは間違いない。でも、その主従関係で言うと、曲がることをやろうとするピッチャーが多いけど、『勢いがある』を先に持ってこようとするピッチャーは、特に変化球においてはいないんですよ。そこだけで言うと、常識外れですよね」

ストレートも変化球の一種であり、カットボールやツーシーム、スプリットはストレートの派生系だ。

さらに、ボールは投げ方によって〝強弱〟が変わってくる。

赤沼の解説を踏まえると、矢田の説明は腑に落ちた。

つまり山本の変化球が日本人投手たちの中で独特な特徴を持つのは、ファストボールをいかに派生させていくかという発想から生まれているわけである。

海の向こうに目をやると、ゲリット・コール（現ニューヨーク・ヤンキース）やマックス・シャーザー（現メッツ）というメジャートップの剛腕投手たちはそうした発想で変化球を投げていると考えられる。彼らが投じるスライダーは、日本ならカットボールと分類されそうなほど〝強い〟ボールだ。

山本の発想も同じだ。2022年の春季キャンプ前に彼を取材した後日、矢田の下を訪れると、変化球を投げる上での基本的な考え方を説明してくれた。

「変化するっていうのは、どういうことかを伝えます。彼の中ではボールの重心までわかります。そういう練習をしています。芯をどういうふうに扱うか、ということですね。硬式のボールには芯があるから、持ったときにどこに重心があるかもわかっている。それをどうやって握るか。フォーシームやツーシームなど、球種によっていろんな持ち方がありますよね。ボールをどう握り、自分が前に進むときにボールにどうやって勢いをつけるか。握り方を省いたら、変化球も直球と一緒なんですよ。絶妙な離し方によって、ボールにどういう回転が加わるかによって変化が決まる」

ボールの重心までわかるように練習すると矢田に聞き、思い出した話があった。

山本がやり投げの目的の一つとして「やりを乗せる感覚」と話していたことだ。物体の重さや重心を感じとれるから、自分が思うように操れるのだろう。実際、「ボールの重さを感じて投げる」と話すプロ野球投手は多くいる。

山本自身が語っていたように、やり投げの練習に込める目的は、ただやりを投げるだけではないのだ。

矢田はボールが変化する原理を説明すると、さらに話を広げた。

「ボールにどれだけ勢いをつけるかということがないと、変化しないんです。でも、それより日本ではどうやってひねるかばかり教えるじゃないですか。だから故障につながるし、思うように曲がらない。山本君は変化球でもストレートと同じように、どうやってこのボールに勢いをつけるかを考えています。カーブにも勢いをつけている。球が速い、遅いというのは結果論であって、軽く投げているんじゃないんですよね。どれだけ力を伝えるか、すべてにおいてそこは外していないです」

山本が持つ各球種の中で、アクセントになっているのがカーブだ。ファストボール系の球から20～30キロほど遅く、山本が打ちにくい理由として挙げる解説者もいる。

「どうでしょうね。僕にとっては空振りもとれて、カウントもとれるボールです。スピードがちょっと遅いけど、カーブという球種の中ではすごく強さがあるほうだと思います」

カーブを抜くようにして投げるのではなく、力をしっかり伝えて変化させているから打者にとって対応しにくいボールになる。

一方、スライダーを封印した理由は投げ方とも関係がある。手首をひねって投げるため、どうしても負担がかかりやすいのだ。ストレートは「回内」と言って右投手なら腕が左方向に回りながらリリースされるのに対し、スライダーは「回外」で逆回りになる。

そうした理由で山本は2年目以降、スライダーを封印して他の球種を中心にピッチングを組み立てるようになった。今、スライダーを投げるのは1試合に数える程度だ。時折投げると、打者にとって見慣れない変化だから要所で効き目を発揮している。

今、流行りのピッチャー

2021年シーズンのペナントレースで山本が投じた全投球の割合を見ると、最も多いのがストレートで39％。フォークが27・8％、カーブは15・7％、カットボールは12・4％で、この4球種が全体の94・9％を占めた。残りはスライダーとシュートがそれぞれ2・5％、チェンジアップが0・1％だった（日本スポーツ企画出版社『2022プロ野球オール写真選手名鑑』より）。

「割合を考えているわけではなく、ただバッターを抑えることを考えた結果、こうなっていますね」

データ野球が全盛の現在、各球種をどれくらいの割合で織り混ぜれば打たれにくくなるかまで語られるようになった。すべての持ち球が決め球にもカウント球にもなる山本のピッチングスタイルは理想的で、野球少年たちに影響を及ぼしている。

2022年夏の高校野球埼玉大会に武南高校の3年生エースとして出場し、プロ球団も視察した石橋凪仁はその一人だ。ストレートは最速145キロ、回転軸を意識しながらカットボールやスライダー、フォーク、ツーシーム、チェンジアップなど多彩な変化球を身につけたというこの右腕投手が面白い話をしていた。

「今、流行りのピッチャーになりたいという目標があります。例えばいろんな変化球で混乱させて、ストレートで勝負する。そういう感じのピッチャーもいれば、直球でガンガン押して、最後は変化球を落とすとか。流行りと言ったら大雑把ですけど、組み立て方を参考にしているのは山本由伸投手。変化球もストレートも一級品だと思うので、どう折り混ぜながらピッチングを組み立てているのかを確認しています」

現代野球で投球を組み立てる際、キーワードの一つになっているのが「ピッチトンネル」だ。打席から7・2メートルほどの位置にある〝仮想空間〟のことを示す。

投手と打者は18・44メートルで対峙し、140キロのボールは約0・47秒で打席に到達する。打者が球種やコースを判断するのに使えるのは0・2秒未満で、距離に直すと7・2メートルの地点に到達するまでに打ちにいくかどうかを判断しなければならない。そうしないと、物理的に対応できないからだ。

逆に投手はこの考え方をうまく使い、打者を幻惑させることができる。例えば、ど真ん中の延長線上にピッチトンネルがあるとして、その輪の中にストレートやフォーク、カットボールなどファストボール系の球種を通していけば、その後に異なる軌道を描くため、打者は球種やコースを判断しにくくなるという理論だ。

山本の持ち球を考えると、ピッチトンネルを構成するにはうってつけだ。

実際、各球種でうまく構成し、打者を惑わせながら打ち取っているように見える。持ち球のカーブが効果的なのは、ピッチトンネルを外れることで逆に手を出しにくい球種になっているからだ。

そうした仮定を本人にぶつけると、意外な答えが返ってきた。

「存在は知っていますけど、それを狙って投げるって、難しくないですか？」

山本の制球力なら狙えそうなものだが、本人は意識していないと言うのだ。

世界に目を向ける理由

捕手にうまくリードされながら、山本は1球1球に力を伝えることに集中している。結果、ピッチトンネルが構成されたような投球になり、凡打の山を築いている。

その先に目指すのは、「世界に類を見ないピッチャー」だ。

「現在、世界最高の投手は誰か」と野球ファンに質問すれば、答えは満場一致に近いだろう。

テキサス・レンジャーズのジェイコブ・デグロム。

2021年に投じたストレートの平均球速は159・6キロで、最速164・2キロ。スライダーとチェンジアップは平均約147キロの速さを誇り、どの球種も抜群の制球力だ。2018年から2年続けてサイ・ヤング賞に輝いている。2018年は217イニングを投げて防御率1・70という脅威的な数字を残したアメリカ人投手だ。

同じ右腕投手である山本は、デグロムをどのように見ているのだろうか。

「化けもんだなと思います。スピードもすごいですし、何かボールも普通じゃないじゃないですか。すごいなっていうか、こんな球を投げる人がいるんだっていう感じです」

現在地を比べれば、デグロムとの距離がかなりあるのは本人も当然わかっている。

身長193センチのデグロムは左足を大きく踏み出し、上半身を柔らかく倒しながらパワーピッチングで三振の山を築いていくのが特徴だ。

筒香はタンパベイ・レイズ時代の2020年9月に対戦し、3打席連続三振を喫した。なかでもお手上げだったのが、浮き上がるような軌道を描くストレートだ。

矢田は映像を見て、筒香に印象を確認した。

「デグロムも山本君みたいに身体が伸びますよね。どれだけ勢いを伝えるかという投げ方で、同じことをやっているんです。ただし、山本君と大きく違うのはボールの離し方です。そこを筒香君に伝えたら、『確かにそうなっています』って。今後、山本君にもああいう変化するボールを投げてもらうためには、ちょっと時間がかかるけど、覚えてもらわなあかんなという離し方なんですよ」

時間がかかる理由は、デグロムはそれくらい高度なことをしているからだろうか。

「彼に限らず、『こうやって投げたらいい』ではなく、こういう投げ方ができるためにはそもそも身体の中にどんな機能がなければいけないとか、身体の中でどういうことが起こらないとこの離し方はできないと考えて始めていくんです。『こうやって握って、こうひねってみな』とやることはまったくない。身体を成長、変化させていくので、成長させるまでの取り組みには時間がかかるということです」

矢田の見立てでは、デグロムの投球メカニクスは上腕二頭筋に特徴がある。肘を曲げた際、力こぶができる部分だ。

「僕の見解では、上腕二頭筋の緊張が限りなく出ていないです。上腕二頭筋の緊張が出ないであれだけしっかり腕が振れるのは、実際には腕を振っていないからできるんですよ。〝身体のどれ〟で進むかっていう話です。プラス、ボールの離れ方。そのボールの離れ方ができたとしても、上腕二頭筋に力み・緊張があったらブチッていって終わりです。それがないから、あの離し方でビューンといけると思う。だから、身体づくりからやっていかないとできないということになりますね」

腕の力に頼って投げるのではなく、下半身から上半身に力を伝えてきた結果として、腕が振られる。前足を大きく踏み出して、身体全体を一本の青竹のようにしなやかに使って大きな力を発揮する。矢田が「〝身体のどれ〟で進むか」と言うのは、どのようにして力を生み出していくのかということだ。

大学2年まで遊撃手だったデグロムは身体をうまく使って投球動作を行い、メジャーで異次元のピッチングを見せてきた。

その一方、近年は故障に悩まされている。2021年7月から右腕前腕の張りや右肘の挫傷、肩甲骨の炎症で戦線離脱し、2022年シーズンの初登板は8月になってからのことだった。出力が極めて高い分、身体への負担も大きいのだろう。

山本がデグロムのようなボールを投げるには、まだまだ時間がかかる。

2022年春季キャンプの時点で、矢田はそう見立てた。

「正直に言って、まだトップまでは行っていません。時間はかかると思う。でも、彼が今の野球に対する取り組みをずっと続けていってくれたら、僕は夢物語ではなくて、手の届く夢だと思うんです。そういう方向にしっかり向いていっているかを、可能な範囲でじっくり見ていきたいですね。最終目標はやっぱり、世界のトップを目指して欲しい」

岡山で生まれ育った野球少年は、知る人ぞ知るドラフト候補だった高校時代を経て、オリックスに入って5年で「日本トップ」と評されるところまでたどり着いた。6年目の2022年、その地位を自身の手で固めてみせた。

山本のアプローチは極めて独特だ。少なくとも日本球界では、常識から大きく外れている。もしかしたら世界に出ても、同様に見られるかもしれない。

だが、運と縁と努力で手にした「軸」なくして、ここまでたどり着くことはなかっただろう。常識から外れたから、悩まされた右肘の張りから解放され、思うようなピッチングを見せることができるようになった。

結果、現在地に至っている。

果たして今後、どこまで突き進むことができるだろうか。

世界に類を見ないピッチャーになりたい――。

大きな野心を抱く山本が、世界に目を向ける理由は単純明快だ。

「僕は本当に負けず嫌いなので。やっぱり一番いいボールを投げたいし、自分よりすごい人がたくさんいるから、その人たちにはもちろん負けたくないし。とにかく一番いい球を投げたいです」

一番いい球とは、どんなボールのことだろうか。

「どうでしょう。わからないですね（笑）」

速い球か、あるいは強い球か。

童心に返った山本に、そう聞き返した。

「一番打たれない球ですね」

それが具体的にどんな球かはまだ言えないが、とにかく打たれたくない。

まだマウンドでその答えを出せていないからこそ、時間をかけてつくり上げていくのだろう。

おわりに

将来的なメジャー挑戦の意向を初めて公の場で表明した翌日、2022年1月28日。充実した自主トレを打ち上げた直後の山本に、2016年ドラフト4位でオリックスに入団してからどのようにして現在地にたどり着き、今後はどこを見据えているのか、じっくり話を聞いた。

「世界に類を見ない投手を目指している」

「一番いい球を投げたい」

野心あふれる目標の一方、具体性に欠けるところは記者泣かせだった。

横にいる矢田にも話を聞きながら、なんとかわかりやすい描写につなげられないかと質問を続けた。

インタビューが終わりに近づいてきた頃、山本がふと笑みをこぼした。

「フフフ。でも、この本書くの、難しいっすね」

難しいですね——。

普段のインタビューなら咄嗟にうまく切り返す言葉が出てくるものだが、このときはそのまま反芻するしかなかった。

山本は再び、「フフフフ」と笑みをこぼした。

マウンド上で見せるような、童心に返った表情だった。

2019年に山本がプロ初完封を飾った日、たまたまバックネット裏の記者席で目撃した。私は埼玉県所沢市に住み、地元で西武をよく取材している頃だった。

衝撃的だった。同じ席から渡米直前の田中将大や大谷翔平の投球を目にした試合も脳裏に深く刻まれているが、優るとも劣らないインパクトだった。

同年シーズン終盤に京セラドームへ話を聞きに行くと、インタビュー対象としても面白い選手だった。一流アスリートならではの感性と論理的な思考がよく伝わってきた。

「ここから先は言わないですけど」

そうやって煙に巻かれると、知りたくなるのが取材者の性だ。

当時はよくわからなかったが、本書の執筆にあたって取材を重ね、またトレーナーなど各専門家の解説や資料を掘り下げていくと、山本が示唆するところがなんとなく見えてきた。

日本球界に颯爽と現れた山本は、今や野球少年・少女が憧れる対象で、同時に多くの影響を与えている選手だ。

その一人として、第五章で武南高校の右腕投手、石橋の話を紹介した。高校2年春頃から身体的に大きく成長し、プロを意識するようになってから、身体の構造や力の入れ方、ボールの回転軸などさまざまなことを考えるようになり、プロ球団のスカウトが視察するような存在に成長できたと言う。

高校3年の春、石橋は山本の投げ方を映像やスローモーションで繰り返し見て、腕や足の使い方を似せてみた。それは彼にとって向上心の表れだった。

「山本由伸の投げ方は君には合っていないよ」

ところが数カ月前に知り合ったトレーナーに、そう指摘された。力の効果的な伝え方を教えてもらうようになり、ピッチングにも好影響を及ぼしてもらった存在だという。そのトレーナーから「山本の投げ方は君に合わない」と指摘されて以降、石橋はいろんな投手をさまざまな角度から見るようになった。感性豊かなこの投手は２０２３年春から中央学院大学に進学する予定で、今後、目標の場所にたどり着けるだろうか。

スマホやSNSの浸透によってさまざまな情報が取りやすくなり、野球少年・少女の成長にも大きくつながっている。

同時に起きているのが、すぐに正解を求める傾向だ。

「このトレーニングをやれば、球速アップする」

華美なサムネイルをつけた動画がバズる一方、地道なトレーニングを紹介したような動画は再生回数が伸びない。人気ユーチューバーでもあるトレーナーがそう話していた。ゆえに世の中には前者の動画があふれるが、これをやれば球速アップするトレーニングなど世の中には存在しない、と。

他者を参考にするのは、上達の第一歩だ。そこから先に進むためには、深層を求めていくことが不可欠になる。

「例えば自分がマネしている選手はなんでこういう足の上げ方をしているのかとか、もっと奥に本当の理由があると思います。そこを理解できたときに、本当に良くなるかなと思いますね」

山本が言うように、大事なのは〝奥にある本当の理由〟を探し求めることだ。そうやって軸ができ、彼自身はプロ入りからわずか5年で日本球界最高峰までたどり着いた。6年目も同様の輝きを放ったが、これから先、どこまで羽ばたいていくのだろうか。

運と縁に助けられ、本書では多くの人たちに話を聞くことができた。取材に協力してくださった人たちには深く感謝したい。新潮社で編集を担当してくれた横手大輔氏と、企画を提案した翌日に実現させてくれた営業部の鈴木美保氏にもお礼の言葉を記したい。

本書で記した山本のアプローチは、万人にとっての正解ではない。他のやり方のほうが向いている者もいるだろう。

ただし、〝奥にある本当の理由〟を探し求める姿勢は、誰もが自分の道で成功するために不可欠なものだ。そんな山本の取り組みを掘り下げた本書が、少しでも野球選手や指導者たちのヒントにつながったとしたら、難しい挑戦をした甲斐があった。

今後、山本のように見る者をワクワクさせてくれる選手が一人でも多く出てくることを、野球好きな一人として楽しみにしている。

2023年1月

中島大輔

写真提供　朝日新聞社／ゲッティ イメージズ

中島大輔　1979年埼玉県生まれ。
スポーツ・ノンフィクション作家。
『中南米野球はなぜ強いのか』で
第28回ミズノスポーツライター賞
優秀賞を受賞。他の著書に『野球
消滅』など。

Ⓢ新潮新書

985

山本由伸《やまもとよしのぶ》　常識《じょうしき》を変《か》える投球術《とうきゅうじゅつ》

著　者　中島大輔《なかじまだいすけ》

2023年2月20日　発行

発行者　佐藤隆信

発行所　株式会社 新潮社

〒162-8711　東京都新宿区矢来町71番地
編集部(03)3266-5430　読者係(03)3266-5111
https://www.shinchosha.co.jp
装幀　新潮社装幀室
組版　新潮社デジタル編集支援室

印刷所　錦明印刷株式会社

製本所　錦明印刷株式会社

ISBN978-4-10-610985-0 C0275

価格はカバーに表示してあります。

新潮新書

903
どうしても頑張れない人たち
ケーキの切れない非行少年たち2
宮口幸治

彼らはサボっているわけではない。頑張れないがゆえに、切実に助けを必要としているのだ。困っている人たちを適切な支援につなげるための知識とメソッドを、児童精神科医が説く。

965
ドキュメント小説
ケーキの切れない非行少年たちのカルテ
宮口幸治

児童精神科医の六麦克彦が少年院で目にしたのは、罪を犯した加害者ながら、本来ならば保護されるべき「被害者」たちの姿だった——。累計100万部超えベストセラー新書を小説化。

520
反省させると犯罪者になります
岡本茂樹

累犯受刑者は「反省」がうまい。本当に反省に導くのならば「加害者の視点で考えさせる」方が効果的——。犯罪者のリアルな生態を踏まえて、超効果的な更生メソッドを提言する。

659
いい子に育てると犯罪者になります
岡本茂樹

親の言うことをよく聞く「いい子」は危ない。自分の感情を表に出さず、親の期待する役割を演じ続け、無理を重ねているからだ——。矯正教育の知見で「子育ての常識」をひっくり返す。

975
プリズン・ドクター
おおたわ史絵

純粋に医療と向き合える「刑務所のお医者さん」は私の天職でした——。薬物依存だった母との関係に思いを馳せつつ、受刑者たちの健康改善のために奮闘する「塀の中の診察室」の日々。

Ⓢ新潮新書

976
誰が農業を殺すのか
窪田新之助
山口亮子

農家の減少は悪いことではない。「弱者である農業と農家は保護すべき」という観念から脱却し、産業として自立させよ！　農業ジャーナリストが返り血覚悟で記した「農政の大罪」。

980
正義の味方が苦手です
古市憲寿

正しすぎる社会は息苦しい。戦争が起き、元総理が殺され、コロナは終わらない。揺らぐ社会をみつめ考えた、「正しさ」だけでは解決できない現実との向き合い方。

979
流山がすごい
大西康之

「母になるなら、流山市。」のキャッチコピーで、6年連続人口増加率全国トップ——。流山市在住30年、気鋭の経済ジャーナリストが、徹底取材でその魅力と秘密に迫る。

968
バカと無知
人間、この不都合な生きもの
橘　玲

50万部突破『言ってはいけない』著者の最新作。キャンセルカルチャーは快楽？「子供は純真」か？「きれいごと」だけでは生きられないことを科学的知見から解き明かす。

930
最強脳
『スマホ脳』ハンセン先生の特別授業
アンデシュ・ハンセン
久山葉子訳

コロナ禍で増えた運動不足、心に負荷を抱える子供たち——低下した成績や集中力、記憶力を取り戻すには？　教育大国スウェーデンで導入された、親子で読む「脳力強化バイブル」上陸。

Ⓢ新潮新書

951
自衛隊最高幹部が語る台湾有事
岩田清文　武居智久
尾上定正　兼原信克

自衛隊の元最高幹部たちが、有事の形をリアルにシミュレーション。政府は、自衛隊は、そして国民は、どのような決断を迫られるのか。「戦争に直面する日本」の課題をあぶり出す。

919
中国「見えない侵略」を可視化する
読売新聞取材班

「千人計画」の罠、留学生による知的財産収集――いま中国が狙うのが「軍事アレルギー」の根強い日本が持つ重要技術の数々だ。経済安全保障を揺るがす専制主義国家の脅威を、総力取材。

907
現役引退
プロ野球名選手「最後の1年」
中溝康隆

長嶋、王、江川、掛布、原、落合、古田、桑田、清原など、24人のラストイヤーをプレイバック。全盛期に比べて、意外と知られていない最晩年の雄姿。その去り際に熱いドラマが宿る！

908
国家の尊厳
先崎彰容

暴力化する世界、揺らぐ自由と民主主義――日本が誇りある国として生き延びるために、国と個人はいったい何に価値を置くべきか。令和を代表する、堂々たる国家論の誕生！

892
兜町の風雲児
中江滋樹　最後の告白
比嘉満広

カネは、両刃の剣だよ……投資ジャーナル事件、巨利と放蕩、アングラマネー、逃亡生活、相場の裏側……20代にして数百億の金を動かした伝説の相場師、死の間際の回想録。